ASCHENDORFFS SAMMLUNG
LATEINISCHER UND GRIECHISCHER
KLASSIKER

CICERO
REDEN GEGEN VERRES

Ausgewählt, eingeleitet
und kommentiert von

WILLIBALD VOGT

Text

VERLAG ASCHENDORFF
MÜNSTER

Umschlagbild:
Sitzstatue der Ceres (Syrakus)
Simulacrum Cereris e marmore (II 4, 109)

15. Auflage
Nach der neuen deutschen Rechtschreibung

Druckhaus Aschendorff, Münster, 2008

ISBN 978-3-402-02035-7

Vorwort

Für die 1. Auflage von 1972 wurde die von F. Wißmann besorgte Textausgabe von Ciceros Verrinen mit der maßgeblichen Ausgabe von A. Klotz (BT Leipzig 1949^2) verglichen und, wo es erforderlich war, entsprechend geändert. Die Auswahl als Ganzes blieb unverändert. Die Einleitung wurde neu geschrieben und das Inhaltsverzeichnis samt Textüberschriften überarbeitet.

Die Einleitung versteht sich als Einführung in das Leben und das Schaffen Ciceros bis zum Jahre 70. Sie versucht, beim Schüler ein erstes Verständnis für das Phänomen Cicero zu wecken; denn in der Regel dürften die Verrinen die erste Schrift Ciceros sein, mit der der Schüler in Verbindung kommt. Auch das Namensverzeichnis wurde überarbeitet.

Für die 10./11. Auflage wurden vorhandene Fehler korrigiert und das eine oder andere präzisiert; das Literaturverzeichnis wurde auf den neuesten Stand gebracht.

Bergisch Gladbach, im Januar 1990 — Willibald Voigt

Vorwort zur 14. Auflage

Die Textausgabe wurde um einen Anhang mit Bildern zu den von Cicero besprochenen Kunstwerken ergänzt.

Münster, im April 2002 Armin Müller

Inhaltsverzeichnis

Einleitung

Cicero bis zum Verresprozess im Jahre 70

M. Tullius Cicero wurde am 3. 1. 106 v. Chr. auf dem Landgut seines Großvaters in der Nähe der südöstlich von Rom gelegenen Landstadt Arpinum geboren. Seine Familie zählte zur Aristokratie dieser Kleinstadt, deren Bürger bereits 188 v. Chr. das römische Bürgerrecht erhalten hatten, und gehörte der Vermögensklasse nach zum Ritterstand. Doch unterscheidet sich dieser bodenständige Landadel wohltuend von jenen Angehörigen des Ritterstandes, die durch ihre skrupellosen Geldgeschäfte und die Ausbeutung der Provinzialen mit Hilfe der Steuerpachtgesellschaften in diesen Jahrzehnten einen üblen Ruf erwarben. Auch ist dieser Munizipaladel — anders als die stadtrömischen Geschlechter — sittenstrenger und mehr auf die Wahrung von Sitte, Einfachheit, Strenge und Sparsamkeit bedacht. Sein eigentliches Betätigungsfeld ist im Allgemeinen die Politik der Heimatstadt. Doch fehlt es nicht an Berührungen mit der Welt der hohen Politik. Denn viele Angehörige dieses Adels dienen den hohen Herren der mächtigen stadtrömischen Geschlechter (Nobilität) als Helfer in der Provinzverwaltung oder in militärischen Kommandostellen. So bestanden auch in Ciceros Familie durch Bekanntschaft und Verwandtschaft (von Seiten der Mutter Helvia) vielfältige Verbindungen zum Kreise der Nobilität.

Ciceros Vater Marcus lebte seiner schwachen Gesundheit wegen fern von Rom auf dem Lande und widmete sich seinen literarischen Interessen. Erst als die beiden Söhne, Marcus und der jüngere Quintus, das bildungsfähige Alter erreichten, siedelte er mit ihnen nach Rom über, wo er ein Haus besaß; denn er wollte ihnen die beste Bildung zukommen lassen, die es damals gab, und dafür war allein Rom der geeignete Ort. Beratung und Unterstützung bei der Bildung und der Erziehung seiner Söhne fand der Vater in den zu dieser Zeit maßgeblichen Rednern L. Licinius Crassus (cos. 95) und M. Antonius. Die höhere Bildung, die der junge Römer vornehmen Standes damals erhielt, war die rhetorische; Zweisprachigkeit war dabei eine Selbstverständlichkeit, spielte doch das Griechische in den gebildeten Kreisen der damaligen Zeit eine ähnliche Rolle wie das Französische im 18. Jahrhundert. Das Ziel, das der Römer mit dieser Ausbildung anstrebte, war die praktische Anwendung der Rede im politischen Bereich, also im Senat, in der Volksversammlung oder in den großen Prozessen, die in der Regel auch politische Bedeutung besaßen. Neben der Erlernung des rhetorischen Handwerks und der Lektüre griechischer und lateinischer Reden stand im Unterricht die Beschäftigung mit der griechischen und lateinischen Literatur, wobei auch Übersetzungen aus dem Griechischen ins Lateinische vorgenommen wurden; dabei lernte man ganze Partien auswendig.

Cicero, dessen hervorragende Begabung sich schon früh gezeigt hatte, empfing seine Bildung bei den damals besten Lehrern. Und durch den Verkehr im Hause der führenden Redner der damaligen Zeit erhielt der jugendliche Cicero die für sein späteres Leben entscheidenden Impulse: die Liebe zur Politik und zu den studia, der wissenschaftlichen Beschäftigung, — ein Leben, wie es ihm seine Vorbilder Crassus und Antonius vorlebten.

Die Ausbildung Ciceros macht deutlich, dass man Großes mit ihm vorhatte, eine politische Karriere für ihn plante, die ihn in die hohen Staatsämter führen sollte, vielleicht sogar in das Konsulat. Auch für ihn selbst stand es fest, dass er die politische Laufbahn einschlagen würde. Doch waren für ihn die Startvoraussetzungen ungleich ungünstiger als für die Angehörigen des Senatorenstandes; denn im Laufe der langen Geschichte der Republik war nur wenigen Angehörigen des Ritterstandes der Aufstieg bis ins höchste Staatsamt geglückt. Persönlichkeiten wie M. Porcius Cato oder Marius, letzterer wie Cicero aus Arpinum stammend, waren seltene Ausnahmen. Da Cicero keinem alteingesessenen Geschlechte entstammte, konnte ein Aufstieg sich nur auf dem Wege über die geistige und rednerische Leistung vollziehen.

Mit 16 Jahren, nach Anlegung der toga virilis, wurde er von seinem Vater in den Hörerkreis des berühmten Rechtsgelehrten und Auguren Q. Mucius Scaevola gebracht. Dessen Rechtsberatungen galten als beste Einführung in die Jurisprudenz. Vielleicht schon gegen Ende des Jahres 90 trat er als Rekrut in das Heer des Cn. Pompeius Strabo ein. Als Angehöriger des Ritterstandes gehörte er dabei zum Stab eines Magistrats oder eines Legaten. Später diente er unter Sulla vor Nola. Doch fühlte er sich nicht zu Kriegsruhm berufen und gab der Tätigkeit des Politikers den Vorzug. In den Wirren der Bürgerkriege und den Kämpfen zwischen Popularen und Optimaten hielt er sich ganz zurück, da seine gemäßigte Natur auf Ausgleich eingestellt war und die von beiden Seiten verübten Gräueltaten ihn abstießen. Dafür widmete er sich um so intensiver seinen Studien. Besondere Erwähnung verdienen dabei seine philosophischen Studien bei Philon von Larissa, dem aus Athen vertriebenen Leiter der platonischen Akademie. Nach dessen Tode (um 85) setzte er seine philosophischen Studien bei dem Stoiker Diodotos fort. Neben rhetorischen, juristischen und philosophischen Studien widmete er sich auch der Dichtung. In diese Jahre der Vorbereitung für ein Auftreten in der Öffentlichkeit gehört auch die Abfassung eines rhetorischen Lehrbuches in zwei Bänden (de inventione), womit Cicero seine spätere wissenschaftliche Schriftstellerei andeutete.

Erst im Jahre 81, als durch Sullas Sieg eine gewisse Beruhigung im Inneren eingekehrt war, betätigte sich Cicero erstmals als Anwalt (patronus) vor Gericht. Diese Tätigkeit eröffnete den Weg zu den Staatsämtern (Quästur, Ädilität, Prätur, Konsulat), bot sie doch die Möglichkeit, sich eine große Klientel zu schaffen, deren Hilfe man bei Wahlen bedurfte. Und als homo novus musste Cicero im Gegensatz zu den nobiles, die schon mehr oder minder lange eine solche Klientel besaßen, versuchen, sich möglichst viele zu verpflichten. Der erste uns bekannte Prozess ist der gegen P. Quinctius, in dem Cicero die Verteidigungsrede hielt; der Ankläger hatte es verstanden, Q. Hortensius Hortalus als Anwalt zu gewinnen, der bis zum Verresprozess der bedeutendste Redner dieser Zeit war. Cicero setzte sich sehr ein, zog alle Register seines Könnens, zumal ein Hortensius gegen ihn stand, und trug den Sieg davon. Sein Erfolg wirkte so, dass man ihm im Jahre 80 die Verteidigung in einem hochpolitischen Prozess übertrug, die Verteidigung des Sex. Roscius aus Ameria. Der Prozess war insofern heikel, als der (eigentliche) Ankläger ein Günstling und Freigelassener Sullas war und sich nicht absehen ließ, wie Sulla — damals absoluter Machthaber — reagieren würde, wenn der Verteidiger die Schurkereien seines Freigelassenen aufdeckte. Deshalb veranlassten ihn maßgebliche Kreise der Nobilität, die über das Geschehene empört waren, die Verteidigung zu übernehmen; denn er brauchte als junger Anfänger bei einem offenen Wort nicht viel zu befürchten. Ciceros Rede wurde ein gewaltiger Erfolg. Durch sie zählte er nun mit einem Mal zu den führenden Anwälten Roms. Von nun an trat er häufiger in Prozessen auf: Er war ein gesuchter Anwalt geworden. Doch seine Tätigkeit war zu anstrengend für seine schwache Gesundheit, so dass ihm die Ärzte rieten, seine Redetätigkeit einzustellen. Das hätte die Aufgabe seiner ehrgeizigen politischen Pläne bedeutet. Da er dazu nicht bereit war, entschloss er sich zu einer Bildungsreise in den griechischen Osten, um seine Gesundheit wiederherzustellen und bei griechischen Rhetoren eine bessere Sprechtechnik zu erlernen. So sehen ihn die Jahre 79—77 auf Reisen in Athen, auf der Peloponnes, in Kleinasien und vor allem auf Rhodos.

Dabei widmete er sich ein halbes Jahr philosophischen Studien unter Anleitung des Antiochos von Askalon, der damals die platonische Akademie leitete. Doch hörte er auch Vertreter der epikureischen Philosophie und betrieb daneben noch Rhetorik. In Kleinasien suchte er besonders die Meister der damaligen Rhetorik auf, um bei ihnen zu studieren. Größten Einfluss übte dabei Apollonios Molon von Rhodos auf ihn aus; dieser befreite ihn auch vom jugendlichen Überschwang seiner Rhetorik, von dem ungezügelten und überschäumenden Redefluss. Auf Rhodos hörte er auch den Philosophen Poseidonios, der, wie er selbst sagt, nach Philon, Diodotos und Antiochos sein vierter Lehrer auf dem Gebiet der Philosophie wurde. In diesen Jahren wurde jene glückliche Synthese griechischen Geistes mit römischem Denken grundgelegt, wie sie dann in Ciceros späteren wissenschaftlichen Schriften über philosophische und über rhetorische Themen zutage tritt. Innerlich gereift und körperlich erholt, kehrte er im Jahre 77 nach Rom zurück.

In Rom nahm Cicero sogleich seine Anwaltstätigkeit wieder auf und trat bei „berühmten Prozessen“ auf, wobei verschiedentlich Hortensius die Gegenseite vertrat. Damals wurde er auch der Vertrauensmann der publicani (Mitglieder der Steuerpachtgesellschaften). Im Jahre 75 bewarb er sich um die Quästur, um das unterste der vier hohen Staatsämter, dessen Bekleidung seit Sulla automatisch die Mitgliedschaft im Senat einbrachte. Er wurde ohne irgendwelche Schwierigkeiten gewählt (ein Zeichen dafür, dass er sich der römischen Öffentlichkeit durch seine Anwaltstätigkeit empfohlen hatte) und erhielt als Amtsgebiet Lilybäum, den Westen der Insel Sizilien. Seine besondere Aufgabe war es, auf Rechnung des Staates Getreide einzukaufen, um der damals in Rom herrschenden Teuerung zu steuern. Diese Aufgabe löste er so gut, dass alle mit seiner uneigennützigen, gerechten Amtsführung zufrieden waren. Bei Ablauf seiner Amtszeit erwiesen die Sizilier dem Cicero große Ehrungen, während er ihnen für die Zukunft seine Hilfe versprach, falls es sich als nötig erweisen sollte.

Als ehemaliger Quästor war er nach seiner Rückkehr nach Rom Mitglied des Senats und nahm an den Sitzungen teil. Zugleich war er wieder unermüdlich als Anwalt tätig, wobei er auf Grund eines einmal gefassten Entschlusses nur Verteidigungen übernahm. Jetzt hatte er auf diesem Gebiet bereits die gleiche Bedeutung wie Hortensius. Viele seiner Klienten stammten aus dem Ritterstand, wo man erfreut war, bei Prozessen nicht mehr allein auf die nobiles angewiesen zu sein, sondern auf einen Mann aus den eigenen Reihen zurückgreifen zu können. Die entscheidende Auseinandersetzung mit Hortensius und den großen Schritt nach vorn brachte dann die Übernahme des Prozesses gegen C. Verres.

Der Verresprozess

C. Verres hatte nach seiner Prätur im Jahre 74 die Provinz Sizilien als Amtsgebiet erhalten. Infolge kriegerischer Verwicklungen hatte sich seine Amtszeit als Proprätor über das eine Amtsjahr hinaus um zwei Jahre verlängert, so dass er insgesamt drei Jahre (von 73–71) unangefochten seine Willkürherrschaft ausüben konnte; denn die Möglichkeit, gegen ihn vorzugehen, bot sich nach dem römischen Amtsrecht erst nach Ablösung von seinem Statthalterposten. Eine Handhabe, Beamte wegen ihrer Amtsführung zur Rechenschaft zu ziehen, bot eine Klage de pecuniis repetundis (wegen Rückforderung der Gelder). Dieses Instrument gegen Übergriffe von Beamten gab es schon relativ früh. Das Geschworenenkollegium setzte sich aus Senatoren zusammen, was sich oft als Nachteil erwies; denn die Senatoren waren in der Regel auf Grund der vielfältigen gegenseitigen Beziehungen nicht bereit und nicht imstande, hart gegen einen der Ihren durchzugreifen. Eine Änderung trat erst durch ein Gesetz des C. Gracchus vom Jahre 122 ein, das auch Angehörige des Ritterstandes in das Richterkollegium berief. Doch unter Sulla war dieses Amt wieder ausschließlich den Senatoren übertragen worden, mit dem Erfolg, dass es nur selten zu Verurteilungen kam.

Nun wurde im Laufe des Jahres 71 deutlich, dass die designierten Konsuln Cn. Pompeius und L. Licinius Crassus entscheidende Reformen planten: das Volkstribunat sollte von den letzten Beschränkungen befreit werden, die Sulla ihm auferlegt hatte, und bei den Strafgerichtshöfen sollte die ausschließliche Besetzung mit Senatoren abgeschafft werden. In dieser politischen Situation fanden sich Gesandtschaften fast aller sizilischen Gemeinden in Rom ein, um Klage gegen Verres zu erheben. Denn durch des Verres Übergriffe und Willkürakte, durch seine Habgier und Grausamkeit, durch die brutale Ausbeutung der Provinzialen und sogar römischer Bürger hatte sich in Sizilien ein solcher Unwille angestaut, dass man nur noch in Rom Hilfe erwartete. Die Sizilier wandten sich an die amtierenden Konsuln und den designierten Konsul Cn. Pompeius und trugen ihre Beschwerden vor; auch die Marceller, die alten patroni Siziliens, baten sie um ihre Hilfe. Für die Durchführung ihrer Klage brauchten sie einen Vertreter (patronus) ihrer Interessen vor Gericht. An Cicero zu denken lag dabei nahe. Denn Cicero hatte sich durch seine uneigennützige und gerechte Amtsführung großes Ansehen und Vertrauen bei den Siziliern erworben. Außerdem sprachen seine Ortskenntnisse und seine Stellung als erfolgreicher Anwalt für ihn.

Auch für Cicero selbst gab es eine Reihe von Motiven, die ihn zur Übernahme dieses Prozesses bewegen konnten. Einmal fühlte er sich den Siziliern auf Grund seines Hilfsversprechens verpflichtet, das er ihnen bei Abgang aus seinem Amt gegeben hatte. Außerdem ließ eine solche Klientel, bei der auch die Interessen des Ritterstandes mit im Spiel waren, Gewinn für seine künftige politische Laufbahn erhoffen. Sodann reizte ihn der bevorstehende Kampf gegen Hortensius, den Verres als Verteidiger gewonnen hatte; denn die Auseinandersetzung mit ihm musste erweisen, wer der Bessere von beiden war und in Zukunft das Forum beherrschte. Und schließlich galt es in Verres die arrogantia paucorum zu bekämpfen, die Überheblichkeit der extremen Nobilitätskreise, die allzu geneigt waren, um ihrer eigenen Interessen willen Recht und Gesetz mit Füßen zu treten. Ihr Verhalten verletzte die Standesehre des Senats, und der Senat musste sich, wenn er wirklich noch den Anspruch auf politische Führung aufrecht erhalten wollte, von diesen unwürdigen Vertretern seines Standes distanzieren. Dass Cicero dabei entgegen seinen Grundsätzen zum ersten Mal als Ankläger auftreten musste (nur noch ein Mal, im Jahre 51, hat er eine Anklage übernommen), konnte kein Hindernis sein. Hier bot sich die Möglichkeit, in einem Skandalprozess größten Ausmaßes bei eindeutiger Schuldfrage des Angeklagten sein ganzes Können zu entfalten und sich größtes Ansehen zu verschaffen.

Die Gegenseite, die Vertreter der extremen Nobilität, sah andererseits in der Entlarvung dieses ärgsten Vertreters des Systems ihre eigene Stellung grundsätzlich gefährdet und bot daher alle Mittel und Künste auf, den Fall herunterzuspielen. So erklärt es sich auch, dass drei überaus angesehene Vertreter der Nobilität die Verteidigung des Verres übernahmen: Hortensius, L. Cornelius Sisenna (auch als Historiker hervorgetreten) und P. Cornelius Scipio (damals der einflussreichste Mann des römischen Adels). Der Widerstand regte sich bereits, als Cicero zu Anfang des Jahres 70 bei dem zuständigen Prätor M'. Acilius Glabrio die Klage einreichte. Q. Caecilius Niger, in den Jahren 73 und 72 Quästor des Verres, forderte, statt Cicero als Ankläger anerkannt zu werden. In einem sogenannten Divinationsverfahren hatte Cicero seinen besseren Anspruch auf die Anklage nachzuweisen, was ihm auch gelang. Seine dabei gehaltene Rede (In Q. Caecilium divinatio) leitet die Sammlung der Verresreden ein.

Nach seinem Sieg über Caecilius (dieser wurde nicht einmal als Nebenkläger zugelassen) beantragte Cicero eine Frist von 110 Tagen, um Beweismaterial und Zeugen zusammenzubringen. Jetzt unternahm die Clique um Verres Schachzüge, den Prozess ins nächste Jahr zu verschieben, da die Machtverhältnisse im Jahre 70 einen günstigen Ausgang für sie nicht erwarten ließen. Man reichte eine Klage gegen einen früheren Statthalter von Makedonien ein, weil er in Achaia Erpressungen verübt habe, und forderte für die Ermittlung eine Frist von 108 Tagen. Da die Verhandlungstermine gewöhnlich nach den Fristen festgelegt wurden, bedeutete das eine Verzögerung von drei Monaten: Cicero hatte ursprünglich mit Mai gerechnet. Für seine Ermittlungen auf Sizilien brauchte Cicero 50 Tage; in dieser Zeit trug er, auch mit Hilfe seines Vetters L. Cicero, in unermüdlicher Arbeit ein gewaltiges Belastungsmaterial zusammen. Dabei hatte er auch dort mit Widerständen zu kämpfen. Der Nachfolger des Verres, L. Caecilius Metellus, und seine Beamten suchten die Ermittlungen Ciceros zu behindern, indem sie Druck auf Zeugen ausübten, Einsicht in Akten verweigerten und auch sonst allerlei unternahmen, um Ciceros Nachforschungen zu erschweren. Das Verhalten des L. Caecilius Metellus war von familienpolitischen Rücksichten diktiert; denn sein älterer Bruder Q. Caecilius Metellus bewarb sich neben Hortensius um das Konsulat, sein jüngerer Bruder M. Caecilius Metellus um die Prätur: beider Wahlkämpfe wurden von Verres finanziert.

Als Cicero aus Sizilien nach Rom zurückkehrte, hörte er zu seiner Überraschung, dass die Eröffnung des Prozesses auf den 5. August verschoben war. Seine Gegner streuten das Gerücht aus, er habe sich bestechen lassen; so hofften sie das Vertrauen der Sizilier zu Cicero zu erschüttern. Für Cicero begann jetzt die hektische Zeit des Wahlkampfes; denn er kandidierte für das Amt eines Ädilen. Auch hier versuchten ihm Verres und sein Anhang Steine in den Weg zu legen: man operierte mit Bestechung, um Ciceros Wahl zu verhindern, hatte aber keinen Erfolg; Cicero wurde mit den Stimmen aller Tribus gewählt. Jedoch gelang es der Gruppe, die Verres unterstützte, bei den Wahlen (Zeitpunkt: Juni/Juli 70), ihre Kandidaten Hortensius und Q. Caecilius Metellus für das Konsulat durchzubringen und auch den M. Caecilius Metellus als Prätor. Letzterem fiel außerdem bei dem Losverfahren um die Amtsgebiete auch noch die Leitung der Repetundenprozesse zu. Wenn es jetzt glückte, den Prozeß gegen Verres bis in das folgende Jahr hinauszuzögern, konnte Verres auf einen Freispruch rechnen. Eine solche Verschleppung schien nicht unmöglich; denn für Verhandlungen frei waren nur die Zeiten vom 5.—15. August, 2.—4. September und 20.—29. des gleichen Monats, 1.—25. Oktober sowie 2./3. und 18.—29. November. Zwei Verhandlungen waren gesetzlich vorgeschrieben, doch konnte der Vorsitzende weitere ansetzen, wenn es seitens einiger Geschworener gewünscht wurde. Hortensius rechnete damit, dass Cicero für seine Anklagerede und das anschließende Zeugenverhör den gesamten Zeitraum im August benötigen werde. Er selbst wollte dann vom 20. September ab seine Erwiderung vortragen und hoffte, durch verschiedene Maßnahmen die zweite Verhandlung vor dem 25. Oktober verhindern zu können. Außerdem sollte durch Bestechung nachgeholfen werden, so dass der Prozess bis zum 1. Januar vertagt wurde.

Diese Absichten durchkreuzte Cicero. Er legte es darauf an, die erste Verhandlung (actio prima) unbedingt vor dem 16. August zu Ende zu führen, so dass die zweite (actio secunda) bereits am 20. September beginnen konnte. Als die erste Verhandlung am Nachmittag des 5. August begann, begnügte er sich mit einer kurzen einstündigen Rede (In C. Verrem actio prima). An den folgenden Tagen marschierte dann das Heer der Zeugen auf; sie wiesen nach, dass sich Verres während einer dreijährigen Statthalterschaft in Sizilien 40 Millionen Sesterzen gesetzwidrig angeeignet hatte. Der Eindruck in der Öffentlichkeit war vernichtend; bereits nach dreitägigem Zeugenverhör sah man Verres seitens der Öffentlichkeit als verurteilt an. Hortensius war machtlos; er verzichtete sogar auf ein Plädoyer zugunsten seines Mandanten. Verres wartete die zweite Verhandlung, die auf den 20. September angesetzt war, gar nicht erst ab und ging in freiwillige Verbannung. Am 20. September wurde er schuldig gesprochen und in einer dritten Verhandlung zu einer Entschädigung von 3 Millionen Sesterzen verurteilt. Anscheinend hat erst in dieser Verhandlung Hortensius das Wort zugunsten seines Mandanten ergriffen.

Für Cicero selbst war wohl die größte Befriedigung, dass er über Hortensius einen so großartigen Triumph davongetragen hatte und nun selbst die erste Stelle als Redner einnahm. Um das auch nach außen deutlich zu machen, gab er das Material, das er für die zweite Verhandlung vorbereitet hatte, aber infolge des Prozessverlaufes nicht hatte vorbringen können, als Buch heraus (In C. Verrem actio secunda). Es handelt sich dabei um fünf Reden, die die Prozesssituation fingieren, als seien sie wirklich gehalten worden: Anreden an die Richter oder an Verres, z. T. auch an Hortensius sollen den Eindruck wirklich gehaltener Reden noch verstärken. Cicero hat mit diesen Reden ein Stück klassischer Literatur geschaffen; er zeigt hier seine ganze Meisterschaft als Redner und versteht es, alle Register seines Könnens zu ziehen; das reicht von der einfachen Erzählung über humorvoll oder mit beißender Ironie getönte Abschnitte bis zum pathetischen Appell an das Gefühl.

Ciceros Reden wurden seit der Zeit der Renaissance viel gelesen und auch nachgeahmt. So schließt sich Ulrich von Hutten in seinen fünf Invektiven gegen Ulrich von Württemberg sehr eng an Ciceros Verrinen an, ja er bringt z. T. fast wörtliche Übernahmen. In der Zeit der französischen Revolution entdeckte man den Redner Cicero erneut als Stilvorbild und versuchte eifrig, ihn nachzuahmen.

In Q. Caecilium divinatio

Die Anforderungen, die in einem solchen Prozess an den Ankläger zu stellen sind

(§ 27; 29; 35—47)

. . . Cognosce ex me, quoniam hoc primum tempus discendi nactus es, quam multa esse oporteat in eo, qui alterum accuset; ex quibus si unum aliquod in te cognoveris, ego iam tibi ipse istuc, quod expetis, mea voluntate concedam. Primum integritatem atque innocentiam singularem; nihil est enim, quod minus ferendum sit, quam rationem ab altero vitae reposcere eum, qui non possit suae reddere. 29. Deinde accusatorem firmum verumque esse oportet . . .

35. . . . Quid? illa, Caecili, contemnendane tibi videntur esse, sine quibus causa sustineri, praesertim tanta, nullo modo potest? aliqua facultas agendi, aliqua dicendi consuetudo, aliqua in foro, iudiciis, legibus aut ratio aut exercitatio? 36. Intellego, quam scopuloso difficilique in loco verser. Nam cum omnis arrogantia odiosa est, tum illa ingenii atque eloquentiae multo molestissima. Quamobrem nihil dico de meo ingenio; neque est, quod possim dicere, neque, si esset, dicerem. Aut enim id mihi satis est, quod est de me opinionis, quidquid est, aut si id parum est, ego maius id commemorando facere non possum. 37. De te, Caecili — iam mehercule hoc extra hanc contentionem certamenque nostrum familiariter tecum loquar — tu ipse quemadmodum existimes, vide etiam atque etiam, et tu te collige et, qui sis et quid facere possis, considera. Putasne te posse de maximis acer-

bissimisque rebus, cum causam sociorum fortunasque provinciae, ius populi Romani, gravitatem iudicii legumque susceperis, tot res tam graves, tam varias voce, memoria, consilio, ingenio sustinere? 38. Putasne te posse, quae C. Verres in quaestura, quae in legatione, quae in praetura, quae Romae, quae in Italia, quae in Achaia, Asia Pamphyliaque peccarit, ea, quemadmodum locis temporibusque divisa sint, sic criminibus et oratione distinguere? Putasne te posse, id quod in eiusmodi reo maxime necessarium est, facere, ut, quae ille libidinose, quae nefarie, quae crudeliter fecerit, ea aeque acerba et indigna videantur esse his, qui audient, atque illis visa sunt, qui senserunt? 39. Magna sunt ea, quae dico, mihi crede; noli haec contemnere. Dicenda, demonstranda, explicanda sunt omnia, causa non solum exponenda, sed etiam graviter copioseque agenda est; perficiendum est, si quid agere aut proficere vis, ut homines te non solum audiant, verum etiam libenter studioseque audiant. In quo si te multum natura adiuvaret, si optimis a pueritia disciplinis atque artibus studuisses et in his elaborasses, si litteras Graecas Athenis, non Lilybaei, Latinas Romae, non in Sicilia didicisses, tamen esset magnum tantam causam, tam exspectatam et diligentia consequi et memoria complecti et oratione expromere et voce ac viribus sustinere. 40. Fortasse dices: „Quid ergo? haec in te sunt omnia?“ Utinam quidem essent! verum tamen ut esse possent, magno studio mihi a pueritia est elaboratum. Quodsi ego haec propter magnitudinem rerum ac difficultatem assequi non potui, qui in omni vita nihil aliud egi, quam longe tu te ab his rebus abesse arbitrare, quas non modo antea numquam cogitasti, sed ne nunc quidem, cum in eas ingrederis, quae et quantae sint, suspicari potes? 41. Ego, qui, sicut omnes sciunt, in foro iudiciisque ita verser, ut eiusdem aetatis aut nemo aut pauci plures causas defenderint, et qui omne tempus, quod mihi ab amicorum negotiis datur, in his studiis laboribusque consumam, quo paratior ad usum forensem promptiorque esse possim, tamen ita mihi deos velim propitios, ut, cum illius mihi temporis venit in mentem, quo die citato reo mihi dicendum sit, non solum commoveor animo, sed etiam toto corpore perhorresco. 42. Iam nunc mente et cogitatione prospicio, quae tum studia hominum, qui concursus futuri sint, quantam exspectationem magnitudo iudicii sit allatura, quantam auditorum multitudinem infamia C. Verris concitatura, quantam denique audientiam orationi meae improbitas illius factura sit. Quae cum cogito, iam nunc timeo, quidnam pro offensione hominum, qui illi inimici infensique sunt, et exspectatione omnium et magnitudine rerum dignum eloqui possim. 43. Tu horum nihil metuis, nihil cogitas, nihil laboras, et si quid ex vetere aliqua oratione *„Iovem ego Optimum Maximum"* aut *„vellem, si fieri potuisset, iudices"* aut aliquid eiusmodi ediscere potueris, praeclare te paratum in iudicium venturum arbitraris? 44. Ac, si tibi nemo responsurus esset, tamen ipsam causam, ut ego arbitror, demonstrare non posses; nunc ne illud quidem cogitas, tibi cum homine disertissimo et ad dicendum paratissimo futurum esse certamen, quicum modo disserendum, modo omni ratione pugnandum certandumque sit? Cuius ego ingenium ita laudo, ut non pertimescam, ita probo, ut me ab eo delectari facilius quam decipi putem posse. Numquam ille me opprimet consilio, numquam ullo artificio pervertet, numquam ingenio me suo labefactare atque infirmare conabitur; novi omnes hominis petitiones rationesque dicendi; saepe in isdem, saepe in contrariis causis versati sumus; ita contra me ille dicet, quamvis sit ingeniosus, ut nonnullum etiam de suo ingenio iudicium fieri arbitretur. 45. Te vero, Caecili, quemadmodum sit elusurus, quam omni ratione iactaturus, videre iam videor; quotiens ille tibi potestatem optionemque facturus sit, ut eligas utrum velis, factum esse necne, verum esse an falsum; utrum dixeris, id contra te futurum. Qui tibi aestus, qui error, quae tenebrae, di immortales! erunt, homini minime malo! Quid? cum accusationis tuae membra dividere coeperit et in digitis suis singulas partes causae constituere? Quid? cum unumquidque transigere, expedire, absolvere? Ipse profecto metuere incipies, ne innocenti periculum facessieris. 46. Quid? cum commiserari, conqueri et ex illius invidia deonerare aliquid et in te traicere coeperit, commemorare quaestoris cum praetore necessitudinem constitutam more maiorum, sortis religione, poterisne eius orationis subire invidiam? Vide modo, etiam atque etiam considera. Mihi enim videtur periculum fore, ne ille non modo verbis te obruat, sed gestu ipso ac motu corporis praestringat aciem ingenii tui teque ab institutis tuis cogitationibusque abducat. 47. Atque huiusce rei iudicium iam continuo video futurum. Si enim mihi hodie respondere ad haec, quae dico, potueris, si ab isto libro, quem tibi magister ludi nescio qui ex alienis orationibus compositum dedit, verbo uno discesseris, posse te et illi quoque iudicio non deesse et causae atque officio tuo satisfacere arbitrabor; sin mecum in hac prolusione nihil fueris, quem te in ipsa pugna cum acerrimo adversario fore putemus?

In C. Verrem actio prima

Versuche, den Prozess zu verhindern

(Verr. I 1—32; 53—56)

1. Quod erat optandum maxime, iudices, et quod unum ad invidiam vestri ordinis infamiamque iudiciorum sedandam maxime pertinebat, id non humano consilio, sed prope divinitus datum atque oblatum vobis summo rei publicae tempore videtur. Inveteravit enim iam opinio perniciosa rei publicae vobisque periculosa, quae non modo apud populum Romanum, sed etiam apud exteras nationes omnium sermone percrebuit, his iudiciis, quae nunc sunt, pecuniosum hominem, quamvis sit nocens, neminem posse damnari. 2. Nunc in ipso discrimine ordinis iudiciorumque vestrorum, cum sint parati, qui contionibus et legibus hanc invidiam senatus inflammare conentur, reus in iudicium adductus est C. Verres, homo vita atque factis omnium iam opinione damnatus, pecuniae magnitudine sua spe ac praedicatione absolutus. Huic ego causae, iudices, cum summa voluntate et exspectatione populi Romani actor accessi, non ut augerem invidiam ordinis, sed ut infamiae communi succurrerem. Adduxi enim hominem, in quo reconciliare existimationem iudiciorum amissam, redire in gratiam cum populo Romano, satisfacere exteris nationibus possetis, depeculatorem aerarii, vexatorem Asiae atque Pamphyliae, praedonem iuris urbani, labem atque perniciem provinciae Siciliae. 3. De quo si vos severe ac religiose iudicaveritis, auctoritas ea, quae in vobis remanere debet, haerebit; sin istius ingentes divitiae iudiciorum religionem veritatemque perfregerint, ego hoc tamen assequar, ut iudicium potius rei publicae quam aut reus iudicibus aut accusator reo defuisse videatur. Equidem, ut de me con-

fitear, iudices, cum multae mihi a C. Verre insidiae terra marique factae sint, quas partim mea diligentia devitarim, partim amicorum studio officioque reppulerim, numquam tamen neque tantum periculum mihi adire visus sum neque tanto opere pertimui, ut nunc in ipso iudicio. 4. Neque tantum me exspectatio accusationis meae concursusque tantae multitudinis, quibus ego rebus vehementissime perturbor, commovet, quantum istius insidiae nefariae, quas uno tempore mihi, vobis, M'. Glabrioni praetori, sociis, exteris nationibus, ordini, nomini denique senatorio facere conatur; qui ita dictitat iis esse metuendum, qui, quod ipsis solis satis esset, surripuissent, se tantum eripuisse, ut id multis satis esse possit; nihil esse tam sanctum, quod non violari, nihil tam munitum, quod non expugnari pecunia possit. 5. Quodsi, quam audax est ad conandum, tam esset obscurus in agendo, fortasse aliqua in re nos aliquando fefellisset. Verum hoc adhuc percommode cadit, quod cum incredibili eius audacia singularis stultitia coniuncta est. Nam ut apertus in corripiendis pecuniis fuit, sic in spe corrumpendi iudicii perspicua sua consilia conatusque omnibus fecit. Semel, ait, se in vita pertimuisse, tum, cum primum a me reus factus sit, quod, cum e provincia recens esset invidiaque et infamia non recenti, sed vetere ac diuturna flagraret, tum ad iudicium corrumpendum tempus alienum offenderet. 6. Itaque cum ego diem inquirendi in Sicilia perexiguam postulavissem, invenit iste, qui sibi in Achaiam biduo breviorem diem postularet, non ut is idem conficeret diligentia et industria sua, quod ego meo labore et vigiliis consecutus sum; etenim ille Achaicus inquisitor ne Brundisium quidem pervenit, ego Siciliam totam quinquaginta diebus sic obii, ut omnium populorum privatorumque litteras iniuriasque cognoscerem; ut perspicuum cuivis esse posset hominem ab isto quaesitum esse, non qui reum suum adduceret, sed qui meum tempus obsideret. 7. Nunc homo audacissimus atque amentissimus hoc cogitat. Intellegit me ita paratum atque instructum in iudicium venire, ut non modo in auribus vestris, sed in oculis omnium sua furta atque flagitia defixurus sim; videt senatores multos esse testes audaciae suae, videt multos equites Romanos, frequentes praeterea cives atque socios, quibus ipse insignis iniurias fecerit, videt etiam tot tam graves ab amicissimis civitatibus legationes cum publicis auctoritatibus convenisse. 8. Quae cum ita sint, usque eo de omnibus bonis male existimat, usque eo senatoria iudicia perdita profligataque esse arbitratur, ut hoc palam dictitet non sine causa se cupidum pecuniae fuisse, quoniam in pecunia tantum praesidium experiatur esse; sese, id quod difficillimum fuerit, tempus ipsum emisse iudicii sui, quo cetera facilius emere postea posset; ut, quoniam criminum vim subterfugere nullo modo poterat, procellam temporis devitaret. 9. Quodsi non modo in causa, verum in aliquo honesto praesidio aut in alicuius eloquentia aut gratia spem aliquam collocasset, profecto non haec omnia colligeret atque aucuparetur, non usque eo despiceret contemneretque ordinem senatorium, ut arbitratu eius deligeretur ex senatu, qui reus fieret, qui, dum hic, quae opus essent, compararet, causam interea ante eum diceret. 10. Quibus ego rebus quid iste speret et quo animum intendat, facile perspicio. Quamobrem vero se confidat aliquid proficere posse hoc praetore et hoc consilio, intellegere non possum. Unum illud intellego, quod populus Romanus in reiectione iudicum iudicavit, ea spe istum fuisse praeditum, ut omnem rationem salutis in pecunia constitueret, hoc erepto praesidio, ut nullam sibi rem adiumento fore arbitraretur.

Etenim quod est ingenium tantum, quae tanta facultas dicendi et copia, quae istius vitam tot vitiis flagitiisque convictam, iam pridem omnium voluntate iudicioque damnatam aliqua ex parte possit defendere? 11. Cuius ut adulescentiae maculas ignominiasque praeteream, quaestura, primus gradus honoris, quid aliud habet in se, nisi Cn. Carbonem spoliatum a quaestore suo pecunia publica, nudatum et proditum consulem, desertum exercitum, relictam provinciam, sortis necessitudinem religionemque violatam? cuius legatio exitium fuit Asiae totius et Pamphyliae, quibus in provinciis multas domos, plurimas urbes, omnia fana depeculatus est, tum cum in Cn. Dolabellam suum scelus illud pristinum renovavit et instauravit quaestorium, cum eum, cui et legatus et pro quaestore fuisset, et in invidiam suis maleficiis adduxit et in ipsis periculis non solum deseruit, sed etiam oppugnavit ac prodidit: 12. cuius praetura urbana aedium sacrarum fuit publicorumque operum depopulatio, simul in iure dicundo bonorum possessionumque contra omnium instituta addictio et condonatio. Iam vero omnium vitiorum suorum plurima et maxima constituit monumenta et indicia in provincia Sicilia, quam iste per triennium ita vexavit ac perdidit, ut ea restitui in antiquum statum nullo modo possit, vix autem per multos annos innocentesque praetores aliqua ex parte recreari aliquando posse videatur. 13. Hoc praetore Siculi neque suas leges neque nostra senatus consulta neque communia iura tenuerunt. Tantum quisque habet in Sicilia, quantum hominis avarissimi et libidinosissimi aut imprudentiam subterfugit aut satietati superfuit. Nulla res per triennium nisi ad nutum istius iudicata est, nulla res tam patria cuiusquam atque avita fuit, quae non ab eo imperio istius abiudicaretur. Innumerabiles pecuniae ex aratorum bonis novo nefarioque instituto coactae, socii fidelissimi in hostium numero existimati, cives Romani servilem in modum cruciati et necati, homines nocentissimi propter pecunias iudicio liberati, honestissimi atque integerrimi absentes rei facti indicta causa damnati et eiecti, portus munitissimi, maximae tutissimaeque urbes piratis praedonibusque patefactae, nautae militesque Siculorum, socii nostri atque amici, fame necati, classes optimae atque opportunissimae cum magna ignominia populi Romani amissae et perditae. 14. Idem iste praetor monumenta antiquissima partim regum locupletissimorum, quae illi ornamento urbibus esse voluerunt, partim etiam nostrorum imperatorum, quae victores civitatibus Siculis aut dederunt aut reddiderunt, spoliavit nudavitque omnia. Neque hoc solum in statuis ornamentisque publicis fecit, sed etiam delubra omnia sanctissimis religionibus consecrata depeculatus est, deum denique nullum Siculis, qui ei paulo magis affabre atque antiquo artificio factus videretur, reliquit. In stupris vero et flagitiis nefarias eius libidines commemorare pudore deterreor. Simul illorum calamitatem commemorando augere nolo, quibus liberos coniugesque suas integras ab istius petulantia conservare non licitum est. 15. At enim haec ita commissa sunt ab isto, ut non cognita sint ab omnibus. Hominem esse arbitror neminem, qui nomen istius audierit, quin facta quoque eius nefaria commemorare possit, ut mihi magis timendum sit, ne multa crimina praetermittere quam ne qua in istum fingere existimer. Neque enim mihi videtur haec multitudo, quae ad audiendum convenit, cognoscere ex me causam voluisse, sed ea, quae scit, mecum recognoscere.

Quae cum ita sint, iste homo amens ac perditus alia mecum ratione pugnat, non id agit, ut alicuius eloquentiam mihi opponat, non gratia, non auctoritate cuiusquam, non potentia nititur. Simulat his se rebus confidere, sed video, quid agat. Neque enim agit occultissime; proponit inania mihi nobilitatis, hoc est hominum arrogantium, nomina, qui non tam me impediunt, quod nobiles sunt, quam adiuvant, quod noti sunt. Simulat se eorum praesidio confidere, cum interea aliud quiddam iam diu machinetur. 16. Quam spem nunc habeat in manibus et quid moliatur, breviter iam, iudices, vobis exponam; sed prius, ut ab initio res ab eo constituta sit, quaeso, cognoscite. Ut primum e provincia rediit, redemptio est huius iudicii facta grandi pecunia. Mansit in condicione atque pacto usque ad eum finem, dum iudices reiecti sunt. Posteaquam reiectio iudicum facta est, quod et in sortitione istius spem fortuna populi Romani perfregerat et in reiciendis iudicibus mea diligentia istorum impudentiam vicerat, renuntiata est tota condicio. 17. Praeclare se res habebat; libelli nominum vestrorum consiliique huius in manibus erant omnium; nulla nota, nullus color, nullae sordes videbantur his sententiis adlini posse, cum iste repente ex alacri atque laeto sic erat humilis atque demissus, ut non modo populo Romano, sed etiam sibi ipse condemnatus videretur. Ecce autem repente his diebus paucis comitiis consularibus factis eadem illa vetera consilia pecunia maiore repetuntur, eaedemque vestrae famae fortunisque omnium insidiae per eosdem homines comparantur. Quae res primo, iudices, pertenui nobis argumento indicioque patefacta est. Post aperto suspicionis introitu ad omnia intima istorum consilia sine ullo errore pervenimus. 18. Nam ut Hortensius consul designatus domum reducebatur e campo cum maxima frequentia ac multitudine, fit obviam casu ei multitudini C. Curio. Quem ego hominem honoris potius quam contumeliae causa nominatum volo. Etenim ea dicam, quae ille, si commemorari noluisset, non tanto in conventu, tam aperte palamque dixisset. Quae tamen a me pedetemptim cauteque dicentur, ut et amicitiae nostrae et dignitatis illius habita ratio esse intellegatur. 19. Videt ad ipsum fornicem Fabianum in turba Verrem; appellat hominem et ei voce maxima victoriam gratulatur, ipsi Hortensio, qui consul erat factus, propinquis necessariisque eius, qui tum aderant, verbum nullum facit; cum hoc consistit, hunc amplexatur, hunc iubet sine cura esse. „Renuntio", inquit, „tibi te hodiernis comitiis esse absolutum." Quod cum tam multi homines honestissimi audissent, statim ad me defertur: immo vero, ut quisque me viderat, narrabat. Aliis illud indignum, aliis ridiculum videbatur, ridiculum iis, qui istius causam in testium fide, in criminum ratione, in iudicum potestate, non in comitiis consularibus positam arbitrabantur, indignum iis, qui altius perspiciebant et hanc gratulationem ad iudicium corrumpendum spectare videbant. 20. Etenim sic ratiocinabantur, sic honestissimi homines inter se et mecum loquebantur, aperte iam et perspicue nulla esse iudicia. Qui reus pridie iam ipse se condemnatum putabat, is, posteaquam defensor eius consul est factus, absolvitur? Quid igitur? quod tota Sicilia, quod omnes Siculi, omnes negotiatores, omnes publicae privataeque litterae Romae sunt, nihilne id valebit? Nihil invito consule designato. Quid? iudices non crimina, non testes, non existimationem populi Romani sequentur? Non; omnia in unius potestate ac moderatione vertentur. Vere loquar, iudices: vehementer me haec res commovebat; optimus enim quisque ita loquebatur: „Iste quidem tibi eripietur, sed nos non tenebimus iudicia diutius. Etenim quis poterit Verre absoluto de transferendis iudiciis recusare?“ 21. Erat omnibus molestum; neque eos tam istius hominis perditi subita laetitia quam hominis amplissimi nova gratulatio commovebat. Cupiebam dissimulare me id moleste ferre, cupiebam animi dolorem vultu tegere et taciturnitate celare. Ecce autem illis ipsis diebus, cum praetores designati sortirentur et M. Metello obtigisset, ut is de pecuniis repetundis quaereret, nuntiatur mihi tantam isti gratulationem esse factam, ut is domum quoque pueros mitteret, qui uxori suae nuntiarent. 22. Sane ne haec quidem mihi res placebat; neque tantopere, quid in hac sorte metuendum mihi esset, intellegebam. Unum illud ex hominibus certis, ex quibus omnia comperi, reperiebam, fiscos complures cum pecunia Siciliensi a quodam senatore ad equitem Romanum esse translatos; ex his quasi decem fiscos ad senatorem illum relictos esse comitiorum meorum nomine; divisores omnium tribuum noctu ad istum vocatos. 23. Ex quibus quidam, qui se omnia mea causa debere arbitrabatur, eadem illa nocte ad me venit; demonstrat, qua iste oratione usus esset; commemorasse istum, quam liberaliter eos tractasset iam antea, cum ipse praeturam petisset, et proximis consularibus praetoriisque comitiis; deinde continuo esse pollicitum, quantam vellent pecuniam, si me aedilitate deiecissent. Hic alios negasse audere, alios respondisse non putare id perfici posse; inventum tamen esse fortem amicum ex eadem familia, Q. Verrem, Romilia, ex optima divisorum disciplina, patris istius discipulum atque amicum, qui HS quingentis milibus depositis id se perfecturum polliceretur; et fuisse tamen nonnullos, qui se una facturos esse dicerent. Quae cum ita essent, sane benivolo animo me, ut magnopere caverem, praemonebat. 24. Sollicitabar rebus maximis uno atque eo perexiguo tempore. Urgebant comitia, et in his ipsis oppugnabar grandi pecunia; instabat iudicium, ei quoque negotio fisci Sicilienses minabantur; agere, quae ad iudicium pertinebant, libere comitiorum metu deterrebar; petitioni toto animo servire propter iudicium non licebat; minari denique divisoribus ratio non erat, propterea quod eos intellegere videbam me hoc iudicio districtum atque obligatum futurum. 25. Atque hoc ipso tempore Siculis denuntiatum esse audio primum ab Hortensio, domum ad illum ut venirent; Siculos in eo sane liberos fuisse, qui, quamobrem arcesserentur, cum intellegerent, non venisse. Interea comitia nostra, quorum iste se, ut ceterorum hoc anno comitiorum, dominum esse arbitrabatur, haberi coepta sunt. Cursare iste homo potens cum filio blando et gratioso circum tribus, paternos amicos, hoc est divisores, appellare omnes et convenire. Quod cum esset intellectum et animadversum, fecit animo libentissimo populus Romanus, ut, cuius divitiae me de fide deducere non potuissent, ne eiusdem pecuniae de honore deicerer. 26. Posteaquam illa petitionis magna cura liberatus sum, animo coepi multo magis vacuo ac soluto nihil aliud nisi de iudicio agere et cogitare. Reperio, iudices, haec ab istis consilia inita et constituta, ut, quacumque opus esset ratione, res ita duceretur, ut apud M. Metellum praetorem causa diceretur. In eo esse haec commoda: primum M. Metellum amicissimum, deinde Hortensium consulem non solum, sed etiam Q. Metellum, qui quam isti sit amicus, attendite; dedit enim praerogativam suae voluntatis eiusmodi, ut isti pro praerogativis iam reddidisse videatur. 27. An me taciturum tantis de rebus existimavistis, et me in tanto rei publicae existimationisque meae periculo cuiquam consulturum potius quam officio et dignitati meae? Arcessit alter consul designatus Siculos; veniunt nonnulli, propterea quod L. Metellus esset praetor in Sicilia. Cum iis ita loquitur: se consulem esse; fratrem suum alterum Siciliam provinciam obtinere, alterum esse quaesiturum de pecuniis repetundis; Verri ne noceri possit, multis rationibus esse provisum. 28. Quid est, quaeso, Metelle, iudicium corrumpere, si hoc non est, testis, praesertim Siculos, timidos homines et afflictos, non solum auctoritate deterrere, sed etiam consulari metu et duorum praetorum potestate? Quid faceres pro homine innocente et propinquo, cum propter hominem perditissimum atque alienissimum de officio ac dignitate decedis et committis, ut, quod ille dictitat, alicui, qui te ignoret, verum esse videatur? 29. Nam hoc Verrem dicere aiebant, te non fato, ut ceteros ex vestra familia, sed opera sua consulem factum. Duo igitur consules et quaesitor erunt ex illius voluntate? „Non solum effugiemus“, inquit „hominem in quaerendo nimium diligentem, nimium servientem populi existimationi, M'. Glabrionem; accedet etiam nobis illud: iudex est M. Caesonius, collega nostri accusatoris, homo in rebus iudicandis spectatus et cognitus, quem minime expediat esse in eo consilio, quod conemur aliqua ratione corrumpere, propterea quod iam antea, cum iudex in Iuniano consilio fuisset, turpissimum illud facinus non solum graviter tulit, sed etiam in medium protulit. Hunc iudicem ex Kalendis Ianuariis non habebimus; 30. Q. Manlium et Q. Cornificium, duos severissimos atque integerrimos iudices, quod tribuni plebis tum erunt, iudices non habebimus; P. Sulpicius, iudex tristis et integer, magistratum ineat oportet Nonis

Decembribus; M. Crepereius ex acerrima illa equestri familia et disciplina, L. Cassius ex familia cum ad ceteras res, tum ad iudicandum severissima, Cn. Tremellius, homo summa religione et diligentia, tres hi homines veteres tribuni militares sunt designati; ex Kalendis Ianuariis non iudicabunt. Subsortiemur etiam in M. Metelli locum, quoniam is huic ipsi quaestioni praefuturus est. Ita secundum Kalendas Ianuarias et praetore et prope toto commutato consilio magnas accusatoris minas magnamque exspectationem iudicii ad nostrum arbitrium libidinemque eludemus." 31. Nonae sunt hodie Sextiles; hora octava convenire coepistis. Hunc diem iam ne numerant quidem. Decem dies sunt ante ludos votivos, quos Cn. Pompeius facturus est; hi ludi dies quindecim auferent; dein continuo Romani consequentur. Ita prope XL diebus interpositis tum denique se ad ea, quae a nobis dicta erunt, responsuros esse arbitrantur; deinde se ducturos et dicendo et excusando facile ad ludos Victoriae; cum his plebeios esse coniunctos; secundum quos aut nulli aut perpauci dies ad agendum futuri sunt. Ita defessa ac refrigerata accusatione rem integram ad M. Metellum praetorem esse venturam. Quem ego hominem, si eius fidei diffisus essem, iudicem non retinuissem; 32. nunc tamen hoc animo sum, ut eo iudice quam praetore hanc rem transigi malim et iurato suam quam iniurato aliorum tabellas committere.

53. Mihi certum est non committere, ut in hac causa praetor nobis consiliumque mutetur. Non patiar rem in id tempus adduci, ut, quos adhuc servi designatorum consulum non moverunt, cum eos novo exemplo universos arcesserent, eos tum lictores consulum vocent, ut homines miseri, antea socii atque amici populi Romani, nunc servi ac supplices, non

modo ius suum fortunasque omnis eorum imperio amittant, verum etiam deplorandi iuris sui potestatem non habeant. 54. Non sinam profecto causa a me perorata, quadraginta diebus interpositis, tum nobis denique responderi, cum accusatio nostra in oblivionem diuturnitatis adducta sit; non committam, ut tum haec res iudicetur, cum haec frequentia totius Italiae Roma discesserit, quae convenit uno tempore undique comitiorum, ludorum censendique causa. Huius iudicii et laudis fructum et offensionis periculum vestrum, laborem sollicitudinemque nostram, scientiam, quid agatur, memoriamque, quid a quoque dictum sit, omnium puto esse oportere. 55. Faciam hoc non novum, sed ab iis, qui nunc principes nostrae civitatis sunt, ante factum, ut testibus utar statim. Illud a me novum, iudices, cognoscetis, quod ita testes constituam, ut crimen totum explicem, id ubi argumentis atque oratione firmavero, tum testes ad crimen accommodem, ut nihil inter illam usitatam accusationem atque hanc novam intersit, nisi quod in illa tum, cum omnia dicta sunt, testes dantur, hic in singulas res dabuntur, ut illis quoque eadem interrogandi facultas, argumentandi dicendique sit. Si quis erit, qui perpetuam orationem accusationemque desideret, altera actione audiet; nunc id, quod facimus, ea ratione, ut malitiae illorum consilio nostro occurramus, necessario fieri intellegat. 56. Haec primae actionis erit accusatio. Dicimus C. Verrem, cum multa libidinose, multa crudeliter in cives Romanos atque socios, multa in deos hominesque nefarie fecerit, tum praeterea quadringenties sestertium ex Sicilia contra leges abstulisse. Hoc testibus, hoc tabulis privatis publicisque auctoritatibus ita vobis planum faciemus, ut hoc statuatis, etiamsi spatium ad dicendum nostro commodo vacuosque dies habuissemus, tamen oratione longa nihil opus fuisse. Dixi.

In C. Verrem actio secunda
Erstes Buch

Der Quästor Verres und Philodamus von Lampsakus

(Verr. II 1, 63—76)

63. Oppidum est in Hellesponto Lampsacum, iudices, in primis Asiae provinciae clarum et nobile. Homines autem ipsi Lampsaceni cum summe in omnes cives Romanos officiosi, tum praeterea maxime sedati et quieti, prope praeter ceteros ad summum Graecorum otium potius quam ad ullam vim aut tumultum accommodati. Accidit, cum iste a Cn. Dolabella efflagitasset, ut se ad regem Nicomedem regemque Sadalam mitteret, cumque iter hoc sibi magis ad quaestum suum quam ad rei publicae tempus accommodatum depoposcisset, ut illo itinere veniret Lampsacum cum magna calamitate et prope pernicie civitatis. Deducitur iste ad Ianitorem quendam hospitem, comitesque eius item apud ceteros hospites collocantur. Ut mos erat istius, atque ut eum suae libidines flagitiosae facere admonebant, statim negotium dat illis suis comitibus, nequissimis turpissimisque hominibus, uti videant et investigent, ecquae virgo sit aut mulier digna, quamobrem ipse Lampsaci diutius commoraretur. 64. Erat comes eius Rubrius quidam, homo factus ad istius libidines, qui miro artificio, quocumque venerat, haec investigare omnia solebat. Is ad eum rem ita defert: Philodamum esse quendam, genere, honore, copiis, existimatione facile principem Lampsacenorum, eius esse filiam, quae cum patre habitaret, propterea quod virum non haberet, mulierem eximia pulchritudine, sed eam summa integritate pudicitiaque existimari. Homo, ut haec audivit, sic exarsit ad id, quod non modo ipse numquam viderat, sed ne audierat quidem

ab eo, qui ipse vidisset, ut statim ad Philodamum migrare se diceret velle. Hospes Ianitor, qui nihil suspicaretur, veritus, ne quid in ipso se offenderetur, hominem summa vi retinere coepit. Iste, qui hospitis relinquendi causam reperire non posset, alia sibi ratione viam munire ad stuprum coepit, Rubrium, delicias suas, in omnibus eiusmodi rebus adiutorem suum et conscium, parum laute deversari dicit, ad Philodamum deduci iubet. 65. Quod ubi est Philodamo nuntiatum, tametsi erat ignarus, quantum sibi ac liberis suis iam tum mali constitueretur, tamen ad istum venit, ostendit munus illud suum non esse; se, cum suae partes essent hospitum recipiendorum, tum ipsos tamen praetores et consules, non legatorum adseculas recipere solere. Iste, qui una cupiditate raperetur, totum illius postulatum causamque neglexit, per vim ad eum, qui recipere non debebat, Rubrium deduci imperavit. Hic Philodamus, posteaquam ius suum obtinere non potuit, ut humanitatem consuetudinemque suam retineret, laborabat. Homo, qui semper hospitalissimus amicissimusque nostrorum hominum existimatus esset, noluit videri ipsum illum Rubrium invitus domum suam recepisse. Magnifice et ornate, ut erat in primis inter suos copiosus, convivium comparat. Rogat Rubrium, ut, quos ei commodum sit, invitet, locum sibi soli, si videatur, relinquat. Etiam filium suum, lectissimum adulescentem, foras ad propinquum suum quendam mittit ad cenam. 66. Rubrius istius comites invitat. Eos omnes Verres certiores facit, quid opus esset. Mature veniunt, discumbitur. Fit sermo inter eos et invitatio, ut Graeco more biberetur. Hortatur hospes, poscunt maioribus poculis, celebratur omnium sermone laetitiaque convivium. Posteaquam satis calere res Rubrio visa est: „Quaeso“, inquit, „Philodame, cur ad nos filiam tuam non intro vocari iubes?“ Homo, qui et summa gravitate et iam id aetatis et parens esset, obstupuit hominis improbi dicto. Instare Rubrius. Tum ille, ut aliquid responderet, negavit moris esse Graecorum, ut in convivio virorum accumberent mulieres. Hic tum alius ex alia parte: „Enimvero ferendum hoc quidem non est; vocetur mulier!“ et simul servis suis Rubrius, ut ianuam clauderent et ipsi ad fores assisterent, imperat. 67. Quod ubi ille intellexit id agi atque id parari, ut filiae suae vis afferretur, servos suos ad se vocat; his imperat, ut se ipsum neglegant, filiam defendant; excurrat aliquis, qui hoc tantum domestici mali filio nuntiet. Clamor interea fit tota domo inter servos Rubrii atque hospitis. Iactatur domi suae vir primus et homo honestissimus, pro se quisque manus affert; aqua denique ferventi a Rubrio ipso Philodamus perfunditur. Haec ubi filio nuntiata sunt, statim exanimatus ad aedes contendit, ut et vitae patris et pudicitiae sororis succurreret. Omnes eodem animo Lampsaceni, simul ut hoc audierunt, quod eos cum Philodami dignitas, tum iniuriae magnitudo movebat, ad aedes noctu convenerunt. Hic lictor istius Cornelius, qui cum eius servis erat a Rubrio quasi in praesidio ad auferendam mulierem collocatus, occiditur, servi nonnulli vulnerantur, ipse Rubrius in turba sauciatur. Iste, qui sua cupiditate tantos tumultus concitatos videret, cupere aliqua evolare, si posset. 68. Postridie mane homines in contionem conveniunt; quaerunt, quid optimum factu sit; pro se quisque, ut in quoque erat auctoritatis plurimum, ad populum loquebatur; inventus est nemo, cuius non haec et sententia esset et oratio, non esse metuendum, si istius nefarium scelus Lampsaceni ulti vi manuque essent, ne senatus populusque Romanus in eam civitatem animadvertendum putaret. Quodsi hoc iure legati populi Romani in socios nationesque exteras uterentur, ut pudicitiam liberorum servare ab eorum libidine tutam non liceret, quidvis esse perpeti satius, quam in tanta vi atque acerbitate versari. 69. Haec cum omnes sentirent, et cum in eam rationem pro suo quisque sensu ac dolore loqueretur, omnes ad eam domum, in qua iste deversabatur, profecti sunt. Caedere ianuam saxis, instare ferro, ligna et sarmenta circumdare ignemque subicere coeperunt. Tunc cives Romani, qui Lampsaci negotiabantur, concurrunt. Orant Lampsacenos, ut gravius apud eos nomen legationis quam iniuria legati putaretur; sese intellegere hominem illum esse impurum ac nefarium, sed, quoniam nec perfecisset, quod conatus esset, neque futurus esset Lampsaci postea, levius eorum peccatum fore, si homini scelerato pepercissent, quam si legato non pepercissent. 70. Sic iste multo sceleratior et nequior quam ille Hadrianus, aliquanto etiam felicior fuit. Ille, quod eius avaritiam cives Romani ferre non potuerunt, Uticae domi suae vivus exustus est, idque ita illi merito accidisse existimatum est, ut laetarentur omnes neque ulla animadversio constitueretur: hic sociorum ambustus incendio, tamen ex illa flamma periculoque evolavit, neque adhuc causam ullam excogitare potuit, quamobrem commiserit, aut quid evenerit, ut in tantum periculum veniret. Non enim potest dicere: „cum seditionem sedare vellem, cum frumentum imperarem, cum stipendium cogerem, cum aliquid denique rei publicae causa gererem, quod acrius imperavi, quod animadverti, quod minatus sum.“ Quae si diceret, tamen ignosci non oporteret, si nimis atrociter imperando sociis in tantum adductus periculum videretur. 71. Nunc cum ipse causam illius tumultus neque veram dicere neque falsam confingere audeat, homo autem ordinis sui frugalissimus, qui tum accensus C. Neroni fuit, P. Tettius, haec eadem se Lampsaci cognosse dixerit, vir omnibus rebus ornatissimus, C. Varro, qui tum in Asia tribunus militum fuit, haec eadem ipse se ex Philodamo audisse dicat, potestis dubitare, quin istum fortuna non tam ex illo periculo eripere voluerit quam ad vestrum iudicium reservare? Nisi vero illud dicet, quod et in Tetti testimonio priore actione interpellavit Hortensius — quo tempore ipse quidem signi satis dedit, si quid esset, quod posset dicere, se tacere non posse, ut, quamdiu tacuit in ceteris testibus, scire omnes possemus nihil habuisse, quod diceret — hoc tum dixit Philodamum et filium eius a C. Nerone esse damnatos. 72. De quo ne multa disseram, tantum dico secutum id esse Neronem et eius consilium: quod Cornelium lictorem occisum esse constaret, putasse non oportere esse cuiquam ne in ulciscenda quidem iniuria hominis occidendi potestatem. In quo video Neronis iudicio non te absolutum esse improbitatis, sed illos damnatos esse caedis. Verum ista damnatio tamen cuiusmodi fuit? Audite, quaeso, iudices, et aliquando miseremini sociorum et ostendite aliquid his in vestra fide praesidii esse oportere. Quod toti Asiae iure occisus videbatur istius ille verbo lictor, re vera minister improbissimae cupiditatis, pertimuit iste, ne Philodamus Neronis iudicio liberaretur. Rogat et orat Dolabellam, ut de sua provincia decedat, ad Neronem proficiscatur; se demonstrat incolumem esse non posse, si Philodamo vivere atque aliquando Romam venire licuisset. 73. Commotus est Dolabella: fecit id, quod multi reprehenderunt, ut exercitum, provinciam, bellum relinqueret et in Asiam hominis nequissimi causa, in alienam provinciam, proficisceretur. Posteaquam ad Neronem venit, contendit ab eo, ut Philodami causam cognosceret. Venerat ipse, qui esset in consilio et primus sententiam diceret, adduxerat etiam praefectos et tribunos militares suos, quos Nero omnes in consilium vocavit. Erat in consilio etiam aequissimus iudex ipse Verres, erant nonnulli togati creditores Graecorum, quibus ad exigendas pecunias improbissimi cuiusque legati plurimum prodest gratia. 74. Ille miser defensorem reperire neminem poterat. Quis enim esset aut togatus, qui Dolabellae gratia, aut Graecus, qui eiusdem vi et imperio non moveretur? Accusator autem apponitur civis Romanus de creditoribus Lampsacenorum. Qui, si dixisset, quod iste iussisset, per eiusdem istius lictores a populo pecuniam posset exigere. Cum haec omnia tanta contentione, tantis copiis agerentur, cum illum miserum multi accusarent, nemo defenderet, cumque Dolabella cum suis praefectis pugnaret in consilio, Verres fortunas agi suas diceret, idem testimonium diceret, idem esset in consilio, idem accusatorem parasset, haec cum omnia fierent et cum hominem constaret occisum, tamen tanta vis istius iniuriae, tanta in isto improbitas putabatur, ut de Philodamo „amplius“ pronuntiaretur. 75. Quid ego nunc in altera actione Cn. Dolabellae spiritus, quid huius lacrimas et concursationes proferam, quid C. Neronis, viri optimi atque innocentissimi, nonnullis in rebus animum nimium timidum atque demissum? qui in illa re quid facere potuerit, non habebat, nisi forte, id quod omnes tum desiderabant, ut ageret eam rem sine Verre et Dolabella. Quidquid esset sine his actum, omnes probarent. Tum vero quod pronuntiatum est, non per Neronem iudicatum, sed per Dolabellam ereptum existimabatur. Condemnatur enim perpaucis sententiis Philodamus et eius filius. Adest, instat, urget Dolabella, ut quam primum securi feriantur, quo quam minime multi ex illis de istius nefario scelere audire possent. 76. Constituitur in foro Laodiceae spectaculum acerbum et miserum et grave toti Asiae provinciae, grandis natu parens adductus ad supplicium, ex altera parte filius; ille, quod pudicitiam liberorum, hic, quod vitam patris famamque sororis defenderat. Flebat uterque non de suo supplicio, sed pater de filii morte, de patris filius. Quid lacrimarum ipsum Neronem putatis profudisse? quem fletum totius Asiae fuisse, quem luctum et gemitum Lampsacenorum? securi esse percussos homines innocentes nobiles, socios populi Romani atque amicos, propter hominis flagitiosissimi singularem nequitiam atque improbissimam cupiditatem.

Zweites Buch

Die Amtsführung des Verres in Sizilien
(Verr. II 2, 2—9; 30—50; 68—75; 83—114)

1. **Die Bedeutung Siziliens für Rom** (§ 2—9)

2. . . . Antequam de incommodis Siciliae dico, pauca mihi videntur esse de provinciae dignitate, vetustate, utilitate dicenda. Nam cum omnium sociorum provinciarumque rationem diligenter habere debetis, tum praecipue Siciliae, iudices, plurimis iustissimisque de causis, primum, quod omnium nationum exterarum princeps Sicilia se ad amicitiam fidemque populi Romani adplicavit. Prima omnium, id quod ornamentum imperii est, provincia est appellata, prima docuit maiores nostros, quam praeclarum esset exteris gentibus imperare, sola fuit ea fide benevolentiaque erga populum Romanum, ut civitates eius insulae, quae semel in amicitiam nostram venissent, numquam postea defi-

cerent, pleraeque autem et maxime illustres in amicitia perpetuo manerent. 3. Itaque maioribus nostris in Africam ex hac provincia gradus imperii factus est. Neque enim tam facile opes Carthaginis tantae concidissent, nisi illud et rei frumentariae subsidium et receptaculum classibus nostris pateret. Quare P. Africanus Carthagine deleta Siculorum urbes signis monumentisque pulcherrimis exornavit, ut, quos victoria populi Romani maxime laetari arbitrabatur, apud eos monumenta victoriae plurima conlocaret. 4. Denique ille ipse M. Marcellus, cuius in Sicilia virtutem hostes, misericordiam victi, fidem ceteri Siculi perspexerunt, non solum sociis in eo bello consuluit, verum etiam superatis hostibus temperavit. Urbem pulcherrimam Syracusas, quae cum manu munitissima esset, tum loci natura terra ac mari clauderetur, cum vi consilioque cepisset, non solum incolumem passus est esse, sed ita reliquit ornatam, ut esset idem monumentum victoriae, mansuetudinis, continentiae, cum homines viderent, et quid expugnasset, et quibus pepercisset, et quae reliquisset. Tantum ille honorem habendum Siciliae putavit, ut ne hostium quidem urbem ex sociorum insula tollendam arbitraretur. 5. Itaque ad omnis res sic illa provincia semper usi sumus, ut, quicquid ex sese posset efferre, id non apud eos nasci, sed domi nostrae conditum iam putaremus. Quando illa frumentum, quod deberet, non ad diem dedit? quando id, quod opus esse putaret, non ultro pollicita est? quando id, quod imperaretur, recusavit? Itaque ille M. Cato Sapiens cellam penariam rei publicae nostrae, nutricem plebis Romanae Siciliam nominabat. Nos vero experti sumus Italico maximo difficillimoque bello, Siciliam nobis non pro penaria cella, sed pro aerario illo maiorum vetere ac referto fuisse. Nam sine ullo sumptu nostro coriis, tunicis frumentoque suppeditato maximos exercitus nostros vestivit, aluit, armavit. 6. Quid? illa, quae forsitan ne sentiamus quidem, iudices, quanta sunt! quod multis locupletioribus civibus utimur, quod habent propinquam, fidelem fructuosamque provinciam, quo facile excurrant, ubi libenter negotium gerant. Quos illa partim mercibus suppeditandis cum quaestu compendioque dimittit, partim retinet, ut arare, ut pascere, ut negotiari libeat, ut denique sedes ac domicilium conlocare. Quod commodum non mediocre rei publicae est, tantum civium numerum tam prope a domo, tam bonis fructuosisque rebus detineri. 7. Et quoniam quasi quaedam praedia populi Romani sunt vectigalia nostra atque provinciae, quemadmodum vos propinquis vestris praediis maxime delectamini, sic populo Romano iucunda suburbanitas est huiusce provinciae. Iam vero hominum ipsorum, iudices, ea patientia, virtus frugalitasque est, ut proxime ad nostram disciplinam illam veterem, non ad hanc, quae nunc increbruit, videantur accedere. Nihil ceterorum simile Graecorum, nulla desidia, nulla luxuries, contra summus labor in publicis privatisque rebus, summa parsimonia, summa diligentia. Sic porro nostros homines diligunt, ut iis solis neque publicanus neque negotiator odio sit. 8. Magistratuum autem nostrorum iniurias ita multorum tulerunt, ut numquam ante hoc tempus ad aram legum praesidiumque vestrum publico consilio confugerint, tametsi et illum annum pertulerant, qui sic eos afflixerat, ut salvi esse non possent, nisi C. Marcellus quasi aliquo fato venisset, ut bis ex eadem familia salus Siciliae constitueretur, et post M. Antoni infinitum illud imperium senserant. Sic a maioribus suis acceperant, tanta populi Romani in Siculos esse beneficia, ut etiam iniurias nostrorum hominum perferendas putarent. 9. In neminem civitates ante hunc testimonium publice dixerunt. Hunc denique ipsum pertulissent, si humano modo, si usitato more, si denique uno aliquo in genere peccasset. Sed cum perferre non possent luxuriem, crudelitatem, avaritiam, superbiam, cum omnia sua commoda, iura, beneficia senatus populique Romani unius scelere ac libidine perdidissent, hoc statuerunt aut istius iniurias per vos ulcisci ac persequi, aut, si vobis indigni essent visi, quibus opem auxiliumque ferretis, urbes ac sedes suas relinquere, quandoquidem agros iam ante illius iniuriis exagitati reliquissent.

2. Rechtsbeugungen durch Verres

(§ 30—50; 68—75; 83—114)

a) Vorbemerkung (§ 30—34)

30.. . . Dubium nemini est, quin omnes omnium pecuniae positae sint in eorum potestate, qui iudicia dant, et eorum, qui iudicant, quin nemo vestrum possit aedes suas, nemo fundum, nemo bona patria obtinere, si, cum haec a quopiam vestrum petita sint, praetor improbus, cui nemo intercedere possit, det quem velit iudicem, iudex nequam et levis, quod praetor iusserit, iudicet. 31. Si vero illud quoque accedit, ut praetor in ea verba iudicium det, ut vel L. Octavius Balbus iudex, homo et iuris et officii peritissimus, non possit aliter iudicare, si iudicium sit eiusmodi: L. OCTAVIVS IVDEX ESTO. SI PARET FVNDVM CAPENATEM, QVO DE AGITVR, EX IVRE QVIRITIVM P. SERVILII ESSE, NEQVE IS FVNDVS Q. CATVLO RESTITVETVR: non necesse erit L. Octavio iudici cogere P. Servilium Q. Catulo fundum restituere aut condemnare eum, quem non oporteat? Eiusdemmodi totum ius praetorium, eiusdemmodi omnis res iudiciaria fuit in Sicilia per triennium Verre praetore, eiusmodi decreta: SI NON ACCIPIT, QVOD TE DEBERE DICIS, ACCVSES; SI PETIT, DVCAS. C. Fuficium duci iussit petitorem, L. Suetium, L. Racilium. Iudicia eiusmodi: qui cives Romani erant, si Siculi essent, cum Siculos eorum legibus dari oporteret; qui Siculi, si cives Romani essent. 32. Verum ut totum genus amplectamini iudiciorum, prius iura Siculorum, deinde istius instituta cognoscite. Siculi hoc iure sunt, ut, quod civis cum cive agat, domi certet suis legibus, quod Siculus cum Siculo non eiusdem civitatis, ut de eo praetor iudices ex P. Rupili decreto, quod is de decem legatorum sententia statuit, quam illi legem Rupiliam vocant, sortiatur; quod privatus a populo petit aut populus a privato, senatus ex aliqua civitate, qui iudicet, datur, cum alternae civitates reiectae sunt; quod civis Romanus a Siculo petit, Siculus iudex, quod Siculus a civi Romano, civis Romanus datur; ceterarum rerum selecti iudices ex civium Romanorum conventu proponi solent. Inter aratores et decumanos lege frumentaria, quam Hieronicam appellant, iudicia fiunt. 33. Haec omnia isto praetore non modo perturbata, sed plane et Siculis et civibus Romanis erepta sunt. Primum suae leges: quod civis cum civi ageret, aut eum iudicem, quem commodum erat, praeconem, haruspicem, medicum suum dabat, aut, si legibus erat iudicium constitutum et ad civem suum iudicem venerant, libere civi iudicare non licebat. Edictum enim hominis cognoscite, quo edicto omnia iudicia redegerat in suam potestatem: SI QVI PERPERAM IVDICASSET, SE COGNITVRVM; CVM COGNOSSET, ANIMADVERSVRVM. Idque cum faciebat, nemo dubitabat, quin, cum iudex alium de suo iudicio putaret iudicaturum seque in eo capitis periculum aditurum, voluntatem spectaret eius, quem statim de capite suo putaret iudicaturum. 34. Selecti ex conventu aut propositi ex negotiatoribus iudices nulli; haec copia, quam dico, iudicum, cohors non Q. Scaevolae, qui tamen de cohorte sua dare non solebat, sed C. Verris. Cuiusmodi cohortem putatis hoc principe fuisse? Sicubi videtis edictum: SI QVID PERPERAM IVDICARIT SENATVS, eum quoque ostendam, si quando sit datus, coactu istius, quod non senserit, iudicasse. Ex lege Rupilia sortitio nulla, nisi cum nihil intererat istius; lege Hieronica iudicia plurimarum controversiarum sublata uno nomine omnia; de conventu ac negotiatoribus nulli iudices. Quantam potestatem habuerit, videtis, quas res gesserit, cognoscite.

b) Der Prozess gegen Heraclius (§ 35—50)

35. Heraclius est Hieronis filius, Syracusanus, homo in primis domi suae nobilis et ante hunc praetorem vel pecuniosissimus Syracusanorum, nunc nulla alia calamitate nisi istius avaritia atque iniuria pauperrimus. Huic hereditas ad HS facile triciens venit testamento propinqui sui Heraclii, plena domus caelati argenti optimi multaeque stragulae vestis pretiosissimorumque mancipiorum. Quibus in rebus istius cupiditates et insanias quis ignorat? Erat in sermone res, magnam pecuniam Heraclio relictam; non solum Heraclium divitem, sed etiam ornatum supellectile, argento, veste, mancipiis futurum. 36. Audit haec etiam Verres et primo illo suo leviore artificio Heraclium aggredi conatur, ut eum roget inspicienda, quae non reddat. Deinde a quibusdam Syracusanis admonetur — hi autem erant quidam adfines istius, quorum iste uxores numquam alienas existimavit, Cleomenes et Aeschrio, qui quantum apud istum et quam turpi de causa potuerint, ex reliquis criminibus intellegetis —

hi, ut dico, hominem admonent rem esse praeclaram, domum refertam omnibus rebus, ipsum autem Heraclium hominem esse maiorem natu, non promptissimum; eum praeter Marcellos patronum, quem suo iure adire aut appellare posset, habere neminem; esse in eo testamento, quo ille heres esset scriptus, ut statuas in palaestra deberet ponere. „Faciemus, ut palaestritae negent ex testamento esse positas, petant hereditatem, quod eam palaestrae commissam esse dicant." 37. Placuit ratio Verri. Nam hoc animo providebat, cum tanta hereditas in controversiam venisset iudicioque peteretur, fieri non posse, ut sine praeda ipse discederet. Approbat consilium, auctor est, ut quam primum agere incipiant hominemque id aetatis minime litigiosum quam tumultuosissime adoriantur. Scribitur Heraclio dica. Primo mirantur omnes improbitatem calumniae. Deinde qui istum nossent, partim suspicabantur, partim plane videbant adiectum esse oculum hereditati. Interea dies advenit, quo die sese ex instituto ac lege Rupilia dicas sortiturum Syracusis iste edixerat. Paratus ad hanc dicam sortiendam venerat. Tum eum docet Heraclius non posse eo die sortiri, quod lex Rupilia vetaret diebus xxx sortiri dicam, quibus scripta esset. Dies xxx nondum fuerant. Sperabat Heraclius, si illum diem effugisset, ante alteram sortitionem Q. Arrium, quem provincia tum maxime exspectabat, successurum. 38. Iste omnibus dicis diem distulit et eam diem constituit, ut hanc Heraclii dicam sortiri post dies xxx ex lege posset. Posteaquam ea dies venit, iste incipit simulare se velle sortiri. Heraclius cum advocatis adit et postulat, ut sibi cum palaestritis, hoc est cum populo Syracusano, aequo iure disceptare liceat. Adversarii postulant, ut in eam rem iudices dentur ex iis civitatibus, quae in id forum convenirent, electi, qui Verri viderentur, Heraclius contra, ut iudices e lege Rupilia dentur, ut ab institutis superiorum, ab auctoritate senatus, ab iure omnium Siculorum ne recedatur. 39. Quid ego istius in iure dicundo libidinem et scelera demonstrem? quis vestrum non in urbana iurisdictione cognovit? quis umquam isto praetore Chelidone invita lege agere potuit? Non istum, ut non neminem, provincia corrupit, idem fuit qui Romae. Cum id, quod omnes intellegebant, diceret Heraclius, certum ius esse Siculis, inter se quo iure certarent, legem esse Rupiliam, quam P. Rupilius consul de decem legatorum sententia dedisset; hanc omnes semper in Sicilia consules praetoresque servasse: negavit se iudices ex lege Rupilia sortiturum, quinque iudices, quos commodum ipsi fuit, dedit. 40. Quid hoc homine facias? quod supplicium dignum libidini eius invenias? Praescriptum tibi cum esset, homo deterrime et impudentissime, quemadmodum iudices inter Siculos dares, cum imperatoris populi Romani auctoritas, legatorum decem, summorum hominum, dignitas, senatus consultum intercederet, quo ex senatus consulto P. Rupilius de x legatorum sententia leges in Sicilia constituerat, cum omnes ante te praetorem Rupilias leges et in ceteris rebus et in iudiciis maxime observassent, tu ausus es pro nihilo prae tua praeda tot res sanctissimas ducere? tibi nulla lex fuit, nulla religio, nullus existimationis pudor, nullus iudicii metus? nullius apud te gravis auctoritas, nullum exemplum, quod sequi velles? 41. Verum, ut institui dicere, quinque iudicibus nulla lege, nullo instituto, nulla reiectione, nulla sorte ex libidine istius datis, non qui causam cognoscerent, sed qui, quod imperatum esset, iudicarent, eo die nihil actum est; adesse iubentur postridie. Heraclius interea, cum omnes insidias fortunis suis a praetore fieri videret, capit consilium de amicorum et propinquorum sententia non adesse ad iudicium. Itaque illa nocte Syracusis profugit. Iste postridie mane, cum multo maturius quam umquam antea surrexisset, iudices citari iubet. Ubi comperit Heraclium non adesse, cogere incipit eos, ut absentem Heraclium condemnent. Illi eum commonefaciunt, ut, si sibi videatur, utatur instituto suo nec cogat ante horam decimam de absente secundum praesentem iudicare; impetrant. 42. Interea sane perturbatus et ipse et eius amici et consiliarii moleste ferre coeperunt, Heraclium profugisse; putabant absentis damnationem, praesertim tantae pecuniae, multo invidiosiorem fore, quam si praesens damnatus esset. Eo accedebat, quod iudices e lege Rupilia dati non erant; multo etiam rem turpiorem et iniquiorem visum iri intellegebant. Itaque hoc dum corrigere vult, apertior eius cupiditas improbitasque facta est. Nam illis quinque iudicibus uti sese negat; iubet, id quod initio e lege Rupilia fieri oportuerat, citari Heraclium et eos, qui dicam scripserant: ait se iudices ex lege velle sortiri. Quod ab eo pridie, cum multis lacrimis cum oraret atque obsecraret, Heraclius impetrare non potuerat, id ei postridie venit in mentem, ex lege Rupilia sortiri dicas oportere. Educit ex urna tris; his ut absentem Heraclium condemnent, imperat. Itaque condemnant. 43. Quae, malum, ista fuit amentia! ecquando te rationem factorum tuorum redditurum putasti? ecquando his de rebus tales viros audituros existimasti? Petatur hereditas ea, quae nulla debetur, in praedam praetoris? interponatur nomen civitatis? imponatur honestae civitati turpissima persona calumniae? Neque hoc solum, sed ita res agatur, ut ne simulatio quidem aequitatis ulla adhibeatur? Nam, per deos immortales! quid interest, utrum praetor imperet vique cogat aliquem de suis bonis omnibus decedere, an huiusmodi iudicium det, quo iudicio indicta causa fortunis omnibus everti necesse sit? 44. Profecto enim negare non potes te ex lege Rupilia sortiri iudices debuisse, cum praesertim Heraclius id postularet. Sin illud dices, te Heraclii voluntate ab lege recessisse, ipse te impedies, ipse tua defensione implicabere. Quare enim primum ille adesse noluit, cum ex eo numero iudices haberet, quos postularat? Deinde tu cur post illius fugam iudices alios sortitus es, si eos, qui erant antea dati, utriusque dederas voluntate? Deinde ceteras dicas omnes illo foro M. Postumius quaestor sortitus est, hanc solam tu illo conventu reperiere sortitus. 45. Ergo, inquiet aliquis, donavit populo Syracusano illam hereditatem. Primum, si id confiteri velim, tamen istum condemnetis necesse est; neque enim permissum est, ut impune nobis liceat, quod alicui eripuerimus, id alteri tradere. Verum ex ista reperietis hereditate ita istum praedatum, ut perpauca occulte fecerit, populum quidem Syracusanum in maximam invidiam sua infamia, alieno praemio pervenisse, paucos Syracusanos, eos, qui nunc se publice laudationis causa venisse dicunt — et tunc participes praedae fuisse et nunc non ad istius laudationem, sed ad communem litium aestimationem venisse. Posteaquam damnatus est absens, non solum illius hereditatis, de qua ambigebatur, quae erat HS triciens, sed omnium bonorum paternorum ipsius Heraclii, quae non minor erat pecunia, palaestrae Syracusanorum, hoc est Syracusanis, possessio traditur. 46. Quae est ista praetura? Eripis hereditatem, quae venerat a propinquo, venerat testamento, venerat legibus; quae bona is, qui testamentum fecerat, huic Heraclio, aliquanto ante quam est mortuus, omnia utenda ac possidenda tradiderat, cuius hereditatis, cum ille aliquanto ante te praetorem esset mortuus, controversia fuerat nulla, mentionem fecerat nemo. Verum esto, eripe hereditatem propinquis, da palaestritis, praedare in bonis alienis nomine civitatis, everte leges, testamentá, voluntates mortuorum, iura vivorum: num etiam patriis Heraclium bonis exturbare oportuit? Qui simulac profugit, quam impudenter, quam palam, quam acerbe, dii immortales, illa bona direpta sunt! quam illa res calamitosa Heraclio, quaestuosa Verri, turpis Syracusanis, miseranda omnibus videbatur! Nam illud quidem statim curatur, ut, quicquid caelati argenti fuit in illis bonis, ad istum deferatur, quicquid Corinthiorum vasorum, stragulae vestis; haec nemo dubitabat, quin non modo ex illa domo capta et oppressa, verum ex tota provincia ad istum comportari necesse esset. Mancipia, quae voluit, abduxit, alia divisit; auctio facta est, in qua cohors istius invicta dominata est. 47. Verum illud est praeclarum. Syracusani, qui praefuerant his Heraclii bonis, verbo redigendis, re dispertiendis, reddebant eorum negotiorum rationem in senatu; dicebant scyphorum paria complura, hydrias argenteas pretiosas, vestem stragulam multam, mancipia pretiosa data esse Verri; dicebant, quantum cuique eius iussu nummorum esset datum. Gemebant Syracusani, sed tamen patiebantur. Repente recitatur uno nomine HS $\overline{\text{CCC}}$ iussu praetoris data. Fit maximus clamor omnium, non modo optimi cuiusque neque eorum, quibus indignum semper visum erat, privata bona populi nomine per summam iniuriam erepta, verum etiam illi ipsi auctores iniuriae et ex aliqua particula socii praedae ac rapinarum clamare coeperunt, sibi ut haberet hereditatem. Tantus in curia clamor factus est, ut populus concurreret. 48. Res ab omni conventu cognita celeriter isti domum nuntiatur. Homo inimicus iis, qui recitassent, hostis omnibus, qui acclamassent, exarsit iracundia ac stomacho, verum tamen fuit tum sui dissimilis. Nostis os hominis, nostis audaciam; tamen tum rumore et clamore populi et manifesto furto grandis pecuniae perturbatus est. Ubi se collegit, vocat ad se Syracusanos. Qui non posset negare ab illis pecuniam datam, non quaesivit procul alicunde — neque enim probaret —, sed proximum, paene alterum filium, quem illam pecuniam diceret abstulisse; ostendit se reddere coacturum. Qui posteaquam id audivit, habuit et dignitatis et aetatis et nobilitatis suae rationem; verba apud senatum fecit, docuit ad se nihil pertinere; de isto, id quod omnes videbant, ne ille quidem obscure locutus est. Itaque illi Syracusani statuam postea statuerunt, et is, ut primum potuit, istum reliquit de provinciaque decessit. 49. Et tamen aiunt eum queri solere non inique se miserum, quod non suis, sed suorum peccatis et criminibus prematur. Triennium provinciam obtinuisti; gener, lectus adulescens, unum annum tecum fuit, sodales, viri fortes, legati tui primo anno te reliquerunt, unus legatus P. Tadius, qui erat reliquus, non ita multum tecum fuit; qui si semper una fuisset, tamen summa cura cum tuae, tum multo etiam magis suae famae pepercisset. Quid est, quod tu alios accuses? quid est, quamobrem putes te tuam culpam non modo derivare in aliquem, sed communicare cum altero posse? 50. Numerantur illa HS $\overline{\text{CCC}}$ Syracusanis. Ea quemadmodum ad istum postea per pseudothyrum revertantur, tabulis vobis et testibus, iudices, planum faciam . . .

c) Der Prozess gegen Sopater (§ 68—75)

68. Iam vero in rerum capitalium quaestionibus quid ego unamquamque rem colligam et causam? Ex multis similibus ea sumam, quae maxime improbitate excellere videbuntur. Sopater quidam fuit Halicyensis, homo domi suae cum primis locuples atque honestus. Is ab inimicis suis apud C. Sacerdotem praetorem rei capitalis cum accusatus esset, facile eo iudicio est liberatus. Huic eidem Sopatro iidem inimici ad C. Verrem, cum is Sacerdoti successisset, eiusdem rei nomen detulerunt. Res Sopatro facilis videbatur, et quod erat innocens et quod Sacerdotis iudicium improbare istum ausurum non arbitrabatur. Citatur reus; causa agitur Syracusis; crimina tractantur ab accusatore ea, quae erant antea non solum defensione, verum etiam iudicio dissoluta. 69. Causam Sopatri defendebat Q. Minucius, eques Romanus in primis splendidus atque honestus vobisque, iudices, non ignotus. Nihil erat in causa, quod metuendum aut omnino quod dubitandum videretur. Interea istius libertus et accensus Timarchides, qui est, id quod ex plurimis testibus priore actione didicistis, rerum huiuscemodi omnium transactor et administer, ad Sopatrum venit, monet hominem, ne nimis iudicio Sacerdotis et causae suae confidat; accusatores inimicosque eius habere in animo pecuniam praetori dare; praetorem tamen ob salutem malle accipere, et simul malle, si fieri posset, rem iudicatam non rescindere. Sopater, cum hoc illi improvisum atque inopinatum accidisset, commotus est sane neque in praesentia, Timarchidi quid responderet, habuit, nisi se consideraturum, quid sibi de ea re esset faciendum, et simul ostendit se in summa difficultate esse nummaria. Post ad amicos

rettulit; qui cum ei fuissent auctores redimendae salutis, ad Timarchidem venit. Expositis suis difficultatibus hominem ad HS LXXX perducit eamque ei pecuniam numerat. 70. Posteaquam ad causam dicendam ventum est, tum vero sine metu, sine cura omnes erant, qui Sopatrum defendebant. Crimen nullum erat, res iudicata, Verres nummos acceperat: quis posset dubitare, quidnam esset futurum? Res illo die non peroratur, iudicium dimittitur. Iterum ad Sopatrum Timarchides venit, ait accusatores eius multo maiorem pecuniam praetori polliceri, quam quantam hic dedisset; proinde, si saperet, videret, quid sibi esset faciendum. Homo, quamquam erat et Siculus et reus, hoc est et iure iniquo et tempore adverso, ferre tamen atque audire diutius Timarchidem non potuit. „Facite“, inquit, „quod vobis libet; daturus non sum amplius“. Idemque hoc amicis eius et defensoribus videbatur, atque eo etiam magis, quod iste, quoquo modo se in ea quaestione praebebat, tamen in consilio habebat homines honestos e conventu Syracusano, qui Sacerdoti quoque in consilio fuerant tum, cum est idem hic Sopater absolutus. Hoc rationis habebant, facere eos nullo modo posse, ut eodem crimine eisdem testibus Sopatrum condemnarent iidem homines, qui antea absolvissent. Itaque hac una spe ad iudicium venitur. 71. Quo posteaquam ventum est, cum in consilium frequentes convenissent iidem, qui solebant, et hac una spe tota defensio Sopatri niteretur, consilii frequentia et dignitate, et quod erant, ut dixi, iidem, qui antea Sopatrum eodem illo crimine liberarant, cognoscite hominis apertam ac non modo non ratione, sed ne dissimulatione quidem tectam improbitatem et audaciam. M. Petilium, equitem Romanum, quem habebat in consilio, iubet operam dare, quod rei privatae iudex esset. Petilius recusabat, quod suos amicos, quos sibi in consilio esse vellet, ipse Verres retineret in consilio. Iste homo liberalis negat se quemquam retinere eorum, qui Petilio vellent adesse. Itaque discedunt omnes; nam ceteri quoque impetrant, ne retineantur; qui se velle dicebant alterutri eorum, qui tum illud iudicium habebant, adesse. Itaque iste solus cum sua cohorte nequissima relinquitur. 72. Non dubitabat Minucius, qui Sopatrum defendebat, quin iste, quoniam consilium dimisisset, illo die rem illam quaesiturus non esset, cum repente iubetur dicere. Respondet: „Ad quos?" „Ad me", inquit, „si tibi idoneus videor, qui de homine Siculo ac Graeculo iudicem". „Idoneus es", inquit, „sed pervellem adessent ii, qui antea adfuerant causamque cognorant". „Dic", inquit, „illi adesse non possunt". „Nam hercule", inquit Minucius, „me quoque Petilius, ut sibi in consilio essem, rogavit"; et simul a subselliis abire coepit. 73. Iste iratus hominem verbis vehementioribus prosequitur atque ei gravius etiam minari coepit, quod in se tantum crimen invidiamque conflaret. Minucius, qui Syracusis sic negotiaretur, ut sui iuris dignitatisque meminisset, et qui sciret se ita in provincia rem augere oportere, ut ne quid de libertate deperderet, homini, quae visa sunt et quae tempus illud tulit et causa, respondit, causam sese dimisso atque ablegato consilio defensurum negavit. Itaque a subselliis discessit, idemque hoc praeter Siculos ceteri Sopatri amici advocatique fecerunt. 74. Iste, quamquam est incredibili importunitate et audacia, tamen subito solus destitutus pertimuit et conturbatus est; quid ageret, quo se verteret, nesciebat. Si dimisisset eo tempore quaestionem, post illis adhibitis in consilium, quos ablegarat, absolutum iri Sopatrum videbat; sin autem hominem miserum atque innocentem ita condemnasset, cum ipse praetor sine consilio, reus autem sine patrono atque advocatis fuisset, iudiciumque C. Sacerdotis rescidisset, invidiam se sustinere tantam non posse arbitrabatur. Itaque aestuabat dubitatione, versabat se utramque in partem non solum mente, verum etiam corpore, ut omnes, qui aderant, intellegere possent in animo eius metum cum cupiditate pugnare. Erat hominum conventus maximus, summum silentium, summa exspectatio, quonam esset eius cupiditas erup-tura. Crebro se accensus demittebat ad aurem Ti-marchides. 75. Tum iste aliquando, „Age dic“ inquit. Sopatrus implorare deum fidem atque hominum, ob-secrare, ut cum consilio cognosceret. Tum repente iste testes citari iubet; dicit unus et alter breviter; nihil interrogatur; praeco DIXISSE pronuntiat. Iste, quasi metueret, ne Petilius privato illo iudicio transacto aut prolato cum ceteris in consilium reverteretur, ita pro-perans de sella exsilit, hominem innocentem, a C. Sa-cerdote absolutum, indicta causa de sententia scribae, medici haruspicisque condemnat.

d) Der Prozess gegen Sthenius (§ 83 — 114)

83. Sthenius est, hic qui nobis assidet, Thermita-nus, antea multis propter summam virtutem summam-que nobilitatem, nunc propter suam calamitatem atque istius insignem iniuriam omnibus notus. Huius hos-pitio Verres cum esset usus et cum apud eum non modo Thermis saepenumero fuisset, sed etiam habi-tasset, omnia domo eius abstulit, quae paulo magis animum cuiuspiam aut oculos possent commovere. Etenim Sthenius ab adulescentia paulo studiosius haec

comparat: supellectilem ex aere elegantiorem et Deliacam et Corinthiam, tabulas pictas, etiam argenti bene facti, prout Thermitani hominis facultates ferebant, satis. Quae, cum esset in Asia adulescens, studiose, ut dixi, comparat non tam suae delectationis causa quam ad invitationes adventusque nostrorum hominum, suorum amicorum atque hospitum. 84. Quae posteaquam iste omnia abstulit alia rogando, alia poscendo, alia sumendo, ferebat Sthenius, ut poterat. Angebatur tamen animi dolore necessario, quod domum eius exornatam atque instructam fere iam iste reddiderat nudam atque inanem. Verum tamen dolorem suum nemini impertiebat: praetoris iniurias tacite, hospitis placide ferendas arbitrabatur. 85. Interea iste cupiditate illa sua nota atque apud omnes pervagata, cum signa quaedam pulcherrima atque antiquissima Thermis in publico posita vidisset, adamavit; a Sthenio petere coepit, ut ad ea tollenda operam suam profiteretur seque adiuvaret. Sthenius vero non solum negavit, sed etiam ostendit fieri id nullo modo posse, ut signa antiquissima, monumenta P. Africani, ex oppido Thermitanorum incolumi illa civitate imperioque populi Romani tollerentur. 86. Etenim ut simul Africani quoque humanitatem et aequitatem cognoscatis, oppidum Himeram Carthaginienses quondam ceperant, quod fuerat in primis Siciliae clarum et ornatum. Scipio, qui hoc dignum populo Romano arbitraretur, bello confecto socios sua per nostram victoriam recuperare, Siculis omnibus Carthagine capta, quae potuit, restituenda curavit. Himera deleta, quos cives belli calamitas reliquos fecerat, ii se Thermis conlocarant in isdem agri finibus neque longe ab oppido antiquo. Hi se patrum fortunam ac dignitatem recuperare arbitrabantur, cum illa maiorum ornamenta in eorum oppido collocabantur. 87. Erant signa ex aere complura; in his eximia pulchritudine ipsa Himera in muliebrem figuram habitumque formata ex oppidi nomine et fluminis. Erat etiam Stesichori poetae statua senilis, incurva, cum libro, summo, ut putant, artificio facta, qui fuit Himerae, sed et est et fuit tota Graecia summo propter ingenium honore et nomine. Haec iste ad insaniam concupiverat. Etiam, quod paene praeterii, capella quaedam est, ea quidem mire, ut etiam nos, qui rudes harum rerum sumus, intellegere possumus, scite facta et venuste. Haec et alia Scipio non neglegenter abiecerat, ut homo intellegens Verres auferre posset, sed Thermitanis restituerat, non quo ipse hortos aut suburbanum aut locum omnino, ubi ea poneret, nullum haberet, sed quod, si domum abstulisset, non diu Scipionis appellarentur, sed eorum, ad quoscumque illius morte venissent. Nunc iis locis posita sunt, ut mihi semper Scipionis fore videantur itaque dicantur. 88. Haec cum iste posceret agereturque ea res in senatu, Sthenius vehementissime restitit, multaque, ut in primis Siculorum in dicendo copiosus est, commemoravit: urbem relinquere Thermitanis esse honestius quam pati tolli ex urbe monumenta maiorum, spolia hostium, beneficia clarissimi viri, indicia societatis populi Romani atque amicitiae. Commoti animi sunt omnium; repertus est nemo, quin mori diceret satius esse. Itaque hoc adhuc oppidum Verres invenit prope solum in orbe terrarum, unde nihil eiusmodi rerum de publico per vim, nihil occulte, nihil imperio, nihil gratia, nihil pretio posset auferre. Verum hasce eius cupiditates exponam alio loco: nunc ad Sthenium revertar. 89. Iratus iste vehementer Sthenio atque incensus hospitium ei renuntiat, domo eius emigrat atque adeo exit; nam iam ante emigrarat. Eum autem statim inimicissimi Sthenii domum suam invitant, ut animum eius in Sthenium inflammarent ementiendo aliquid et criminando. Hi autem erant inimici Agathinus, homo nobilis, et Dorotheus, qui habebat in matrimonio Callidamam, Agathini eius filiam. De qua iste audierat, itaque ad generum Agathini migrare maluit. Una nox intercesserat, cum iste Dorotheum sic diligebat, ut diceres omnia inter eos esse communia, Agathinum ita observabat ut aliquem affinem ac propinquum. Contemnere etiam signum illud Himerae iam videbatur, quod eum multo magis figura et lineamenta hospitae delectabant. 90. Itaque hortari homines coepit, ut aliquid Sthenio periculi crearent criminisque confingerent. Dicebant se illi nihil habere, quod dicerent. Tum iste iis aperte ostendit et confirmavit eos in Sthenium, quicquid vellent, simul atque ad se detulissent, probaturos. Itaque illi non procrastinant, Sthenium statim educunt, aiunt ab eo litteras publicas esse corruptas. Sthenius postulat, ut cum secum sui cives agant de litteris publicis corruptis eiusque rei legibus Thermitanorum actio sit, senatusque et populus Romanus Thermitanis, quod semper in amicitia fideque mansissent, urbem, agros legesque suas reddidisset Publiusque Rupilius postea leges ita Siculis ex senatus consulto de decem legatorum sententia dedisset, ut cives inter se legibus suis agerent, idemque hoc haberet Verres ipse in edicto: ut de his omnibus causis se ad leges reiceret. 91. Iste homo omnium aequissimus atque a cupiditate omni remotissimus se cogniturum esse confirmat; paratum ad causam dicendam venire hora nona iubet. Non erat obscurum, quid homo improbus ac nefarius cogitaret. Neque enim ipse satis occultarat nec mulier tacere potuerat. Intellectum est id istum agere, ut cum Sthenium sine ullo argumento ac sine teste damnasset, tum homo nefarius de homine nobili atque id aetatis suoque hospite virgis supplicium crudelissime sumeret. Quod cum esset perspicuum, de amicorum hospitumque suorum sententia Thermis Sthenius Romam profugit; hiemi fluctibusque sese committere maluit, quam non istam communem Siculorum tempestatem calamitatemque vitaret. 92. Iste homo certus et diligens ad horam nonam praesto est, Sthenium citari iubet. Quem posteaquam videt non adesse, dolore ardere atque iracundia furere coepit, Venerios in domum Sthenii mittere, equis circum agros eius villasque dimittere. Itaque dum exspectat, quidnam sibi certi afferatur, ante horam tertiam noctis de foro non discedit. Postridie mane descendit; Agathinum ad sese vocat, iubet eum de litteris publicis in absentem Sthenium dicere. Erat eiusmodi causa, ut ille ne sine adversario quidem apud inimicum iudicem reperire posset, quid diceret. 93. Itaque tantum verbo posuit, Sacerdote praetore Sthenium litteras publicas corrupisse. Vix ille hoc dixerat, cum iste pronuntiat, STHENIVM LITTERAS PVBLICAS CORRVPISSE VIDERI; et hoc praeterea addit homo Venerius novo modo, nullo exemplo: OB EAM REM HS D VENERI ERYCINAE DE STHENII BONIS SE EXACTVRVM, bonaque eius statim coepit vendere; et vendidisset, si tantulum morae fuisset, quominus ei pecunia illa numeraretur. 94. Ea posteaquam numerata est, contentus hac iniquitate iste non fuit: palam de sella ac tribunali pronuntiat: SI QVIS ABSENTEM STHENIVM REI CAPITALIS REVM FACERE VELLET, SESE EIVS NOMEN RECEPTVRVM, et simul, ut ad causam accederet nomenque deferret, Agathinum, novum adfinem atque hospitem, coepit hortari. Tum ille clare omnibus audientibus sese id non esse facturum neque se usque eo Sthenio esse inimicum, ut eum rei capitalis affinem esse diceret. Hic tum repente Pacilius quidam, homo egens et levis, accedit, ait, si liceret absentis nomen deferre, se velle. Iste vero et licere et fieri solere et se recepturum. Itaque defertur. Edicit statim, ut Kalendis Decembribus adsit Sthenius Syracusis. 95. Hic, qui Romam pervenisset satisque feliciter anni iam adverso tempore navigasset omniaque habuisset aequiora et placabiliora quam animum praetoris atque hospitis, rem ad amicos suos detulit, quae, ut erat acerba atque indigna, sic videbatur omnibus. Itaque in senatu continuo Cn. Lentulus et L. Gellius consules faciunt mentionem placere statui, si patribus conscriptis videretur, ne absentes homines in provinciis rei fierent rerum capitalium; causam Stheni totam et istius crudelitatem et iniquitatem senatum docent. Aderat in senatu Verres, pater istius, et flens unumquemque senatorum rogabat, ut filio suo parceret, neque tamen multum proficiebat; erat enim summa voluntas senatus. Itaque sententiae dicebantur: CVM STHENIVS ABSENS REVS FACTVS ESSET, DE ABSENTE IVDICIUM NULLUM FIERI PLACERE, ET SI QVOD ESSET FACTVM, ID RATVM ESSE NON PLACERE. 96. Eo die transigi nihil potuit, quod et id temporis erat et ille pater istius invenerat homines, qui dicendo tempus consumerent. Postea senex Verres defensores atque hospites omnes Sthenii convenit, rogat eos atque orat, ne oppugnent filium suum, de Sthenio ne laborent; confirmat iis curaturum se esse, ne quid ei per filium suum noceretur; se homines certos eius rei causa in Siciliam et terra et mari esse missurum. Et erat spatium dierum fere xxx ante Kalendas Decembres, quo die iste, ut Syracusis Sthenius adesset, edixerat. 97. Commoventur amici Sthenii, sperant fore, ut patris litteris nuntiisque filius ab illo furore revocetur. In senatu postea causa non agitur. Veniunt ad istum domestici nuntii litterasque a patre afferunt ante Kalendas Decembres, cum isti etiam tum de Sthenio in integro tota res esset, eodemque ei tempore de eadem re litterae complures a multis eius amicis ac necessariis afferuntur. Hic iste, qui prae cupiditate neque officii sui neque periculi neque pietatis neque humanitatis rationem habuisset umquam, neque in eo, quod monebatur, auctoritatem patris nec in eo, quod rogabatur, voluntatem anteponendam putavit libidini suae, mane Kalendis Decembribus, ut edixerat, Sthenium citari iubet. 98. Si abs te istam rem parens tuus alicuius amici rogatu benignitate aut ambitione adductus petisset, gravissima tamen apud te voluntas patris esse debuisset: cum vero abs te tui capitis causa peteret hominesque certos domo misisset hique eo tempore ad te venissent, cum tibi in integro tota res esset, ne tum quidem te potuit, si non pietatis, at salutis tuae ratio ad officium sanitatemque reducere? Citat reum. Non respondit. Citat accusatorem: — attendite, quaeso, iudices, quanto opere istius amentiae fortuna ipsa adversata sit, et simul videte, qui Stheni causam casus adiuverit — citatus accusator, M. Pacilius, nescio quo casu non respondit, non adfuit. 99. Si praesens Sthenius reus esset factus, si manifesto in maleficio teneretur, tamen, cum accusator non adesset, Sthenium condemnari non oporteret. Etenim, si posset reus absente accusatore damnari, non ego a Vibone Veliam parvulo navigio inter fugitivorum ac praedonum ac tua tela venissem, quo tempore omnis illa mea festinatio fuit cum periculo capitis ob eam causam, ne tu ex reis eximerere, si ego ad diem non adfuissem. Quod igitur tibi erat in tuo iudicio optatissimum, me, cum citatus essem, non adesse, cur Sthenio non putasti prodesse oportere, cum eius accusator non affuisset? Itaque fecit, ut exitus principio simillimus reperiretur: quem absentem reum fecerat, eum absente accusatore condemnat. 100. Nuntiabatur illi primis illis temporibus, id quod pater quoque ad eum pluribus verbis scripserat, agitatam rem esse in senatu; etiam in contione tribunum plebis de causa Stheni M. Palicanum esse questum; postremo me ipsum apud hoc collegium tribunorum plebis, cum eorum omnium edicto non liceret Romae quemquam esse, qui rei capitalis condemnatus esset, egisse causam Stheni, et cum rem ita exposuissem, quemadmodum nunc apud vos, docuissemque hanc damnationem duci non oportere, decem tribunos plebis hoc statuisse idque de omnium sententia pronuntiatum esse: NON VIDERI STHENIVM IMPEDIRI EDICTO, QVOMINVS EI ROMAE LICERET ESSE. 101. Cum haec ad istum afferrentur, pertimuit aliquando et commotus est; vertit stilum in tabulis suis, quo facto causam omnem evertit suam; nihil enim sibi reliqui fecit, quod defendi aliqua ratione posset. Nam si ita defenderet: „recipi nomen absentis licet; hoc fieri in provincia nulla lex vetat", mala et improba defensione, verum aliqua tamen uti videretur; postremo illo desperatissimo perfugio uti posset, se imprudentem fecisse, existimasse id licere. Quamquam haec perditissima defensio est, tamen aliquid dici videretur. Tollit ex tabulis id, quod erat, et facit, coram esse delatum.

102. Hic videte, in quot se laqueos induerit, quorum ex nullo se umquam expediet. Primum ipse in Sicilia saepe et palam de loco superiore dixerat et in sermone multis demonstrarat licere nomen recipere absentis; se exemplo fecisse, quod fecisset. Haec eum

dictitasse priore actione et Sex. Pompeius Chlorus dixit, de cuius virtute antea commemoravi, et Cn. Pompeius Theodorus, homo et Cn. Pompei, clarissimi viri, iudicio plurimis maximisque in rebus probatissimus et omnium existimatione ornatissimus, et Posides Macro Soluntinus, homo summa nobilitate, existimatione, virtute, et hac actione quam voletis multi dicent, et qui ex isto ipso audierunt, viri primarii nostri ordinis, et alii, qui interfuerunt, cum absentis nomen reciperetur. Deinde Romae, cum acta res esset in senatu, omnes istius amici, in his etiam pater eius hoc defendebat. Licere fieri; saepe esse factum; iste quod fecisset, aliorum exemplo institutoque fecisse. 103. Dicit praeterea testimonium tota Sicilia, quae in communibus postulatis civitatum omnium consulibus edidit, „rogare atque orare patres conscriptos, ut statuerent, ne absentium nomina reciperentur." Qua de re Cn. Lentulum, patronum Siciliae, clarissimum adulescentem, dicere audistis, Siculos, cum se causam, quae sibi in senatu pro his agenda esset, docerent, de Stheni calamitate questos esse, propterque hanc iniuriam, quae Sthenio facta esset, eos statuisse, ut hoc, quod dico, postularetur. 104. Quac cum ita essent, tantane amentia praeditus atque audacia fuisti, ut in re tam clara, tam testata, tam abs te ipso pervulgata tabulas publicas corrumpere auderes? At quemadmodum corrupisti? Nonne ita, ut omnibus nobis tacentibus ipsae tuae te tabulae condemnare possent? Cedo, quaeso, codicem, circumfer, ostende. Videtisne totum hoc nomen, coram ubi facit delatum, esse in litura? Quid fuit istic antea scriptum? quod mendum ista litura correxit? Quid a nobis, iudices, exspectatis argumenta huius criminis? Nihil dicimus: tabulae sunt in medio, quae se corruptas atque interlitas esse clamant. 105. Ex his etiam tu rebus effugere te posse confidis, cum te nos non opinione dubia, sed tuis vestigiis persequamur, quae tu in tabulis publicis expressa ac recentia reliquisti? Is mihi etiam Sthenium litteras publicas corrupisse causa incognita iudicavit, qui defendere non potuerit se non in ipsius Stheni nomine litteras publicas corrupisse? 106. Videte porro aliam amentiam, videte, ut, dum expedire sese vult, induat. Cognitorem adscribit Sthenio — quem? cognatum aliquem aut propinquum? Non. Thermitanum aliquem, honestum hominem ac nobilem? Ne id quidem. At Siculum, in quo aliquis splendor dignitasque esset? Neminem. Quid igitur? Civem Romanum. Cui hoc probari potest? Cum esset Sthenius civitatis suae nobilissimus, amplissima cognatione, plurimis amicitiis, cum praeterea tota Sicilia multum auctoritate et gratia posset, invenire neminem Siculum potuit, qui pro se cognitor fieret? Hoc probabis? An ipse civem Romanum maluit? Cedo, cui Siculo, cum is reus fieret, civis Romanus cognitor factus umquam sit. Omnium praetorum litteras, qui ante te fuerunt, profer, explica: si unum inveneris, ego hoc tibi, quemadmodum in tabulis scriptum habes, ita gestum esse concedam. 107. At, credo, Sthenius hoc sibi amplum putavit, eligere e civium Romanorum numero, ex amicorum atque hospitum suorum copia, quem cognitorem daret. Quem delegit? quis in tabulis scriptus est? C. Claudius C. F. Palatina. Non quaero, quis hic sit Claudius, quam splendidus, quam honestus, quam idoneus, propter cuius auctoritatem et dignitatem Sthenius ab omnium Siculorum consuetudine discederet et civem Romanum cognitorem daret. Nihil horum quaero; fortasse enim Sthenius non splendorem hominis, sed familiaritatem secutus est. Quid?

si omnium mortalium Sthenio nemo inimicior quam hic C. Claudius cum semper, tum in his ipsis rebus et temporibus fuit, si de litteris corruptis contra venit, si contra omni ratione pugnavit, utrum potius pro Sthenio inimicum cognitorem esse factum an te ad Stheni periculum inimici eius nomine abusum esse credemus? 108. Ac, ne quis forte dubitet, cuiusmodi hoc totum sit negotium, tametsi iamdudum omnibus istius improbitatem perspicuam esse confido, tamen paulum etiam attendite. Videtis illum subcrispo capillo, nigrum, qui eo vultu nos intuetur, ut sibi ipse peracutus esse videatur, qui tabulas tenet, qui scribit, qui monet, qui proximus est. Is est Claudius, qui in Sicilia sequester istius, interpres, confector negotiorum, prope collega Timarchidi numerabatur; nunc obtinet eum locum, ut vix Apronio illi de familiaritate concedere videatur, ei qui se non Timarchidi, sed ipsius Verris collegam et socium esse dicebat. 109. Dubitate etiam, si potestis, quin eum iste potissimum ex omni numero delegerit, cui hanc cognitoris falsi improbam personam imponeret, quem et huic inimicissimum et sibi amicissimum esse arbitraretur! Hic vos dubitabitis, iudices, tantam istius audaciam, tantam crudelitatem, tantam iniuriam vindicare? dubitabitis exemplum iudicum illorum sequi, qui damnato Cn. Dolabella damnationem Philodami Opuntii resciderunt, quod is non absens reus factus esset, quae res iniquissima et acerbissima est, sed cum ei legatio iam Romam a suis civibus esset data? Quod illi iudices multo in leviore causa statuerunt aequitatem secuti, vos id statuere in gravissima causa, praesertim aliorum auctoritate iam confirmatum, dubitabitis?

110. At quem hominem, C. Verres, tanta tam insigni iniuria adfecisti? Quem hominem absentem de litteris

corruptis causa incognita condemnasti? cuius absentis nomen recepisti? quem absentem non modo sine crimine et sine teste, verum etiam sine accusatore damnasti? quem hominem? Di immortales! non dicam amicum tuum, quod apud homines clarissimum est, non hospitem, quod sanctissimum est; nihil enim minus libenter de Sthenio commemoro, nihil aliud in eo, quod reprehendi possit, invenio, nisi quod homo frugalissimus atque integerrimus te, hominem plenum stupri, flagitii, sceleris, domum suam invitavit, nisi quod, qui C. Mari, Cn. Pompei, C. Marcelli, L. Sisennae, tui defensoris, ceterorum virorum fortissimorum hospes fuisset atque esset, ad eum numerum clarissimorum hominum tuum quoque nomen adscripsit. 111. Quare de hospitio violato et de tuo isto nefario scelere nil queror: hoc dico non iis, qui Sthenium norunt, hoc est nemini eorum, qui in Sicilia fuerunt — nemo enim ignorat, quo hic in civitate sua splendore, qua apud omnes Siculos dignitate atque existimatione sit —, sed ut illi quoque, qui in ea provincia non fuerunt, intellegere possint, in quo homine tu statueris exemplum eiusmodi, quod cum propter iniquitatem rei, tum etiam propter hominis dignitatem acerbum omnibus atque intolerandum videretur. 112. Estne Sthenius is, qui omnes honores domi suae facillime cum adeptus esset, amplissime ac magnificentissime gessit, qui oppidum non maximum maximis ex pecunia sua locis communibus monumentisque decoravit, cuius de meritis in rem publicam Thermitanorum Siculosque universos fuit aenea tabula fixa Thermis in curia, in qua publice erat de huius beneficiis scriptum et incisum? quae tabula tum imperio tuo revulsa, nunc a me tamen deportata est, ut omnes huius honores inter suos et amplitudinem possent cognoscere. 113. Estne hic, qui apud Cn. Pompeium, clarissimum virum, cum accusatus esset, quod propter C. Mari familiaritatem et hospitium contra rem publicam sensisse eum inimici et accusatores eius dicerent, cumque magis invidioso crimine quam vero arcesseretur, ita a Cn. Pompeio absolutus est, ut in eo ipso iudicio Pompeius hunc hospitio suo dignissimum statueret? ita porro laudatus defensusque ab omnibus Siculis, ut idem Pompeius non ab homine solum, sed etiam a provincia tota se huius absolutione inire gratiam arbitraretur? Postremo estne hic, qui et animum in rem publicam habuit eiusmodi et tantum auctoritate apud suos cives potuit, ut perficeret in Sicilia solus te praetore, quod non modo Siculus nemo, sed ne Sicilia quidem tota potuisset, ut ex oppido Thermis nullum signum, nullum ornamentum, nihil ex sacro, nihil de publico attingeres, cum praesertim et essent multa praeclara et tu omnia concupisses? 114. Denique nunc vide, quid inter te, cuius nomine apud Siculos dies festi agitantur et praeclara illa Verria celebrantur, cui statuae Romae stant inauratae a communi Siciliae, quemadmodum inscriptum videmus, datae — vide, inquam, quid inter te et hunc Siculum, qui abs te est, patrono Siciliae, condemnatus, intersit. Hunc civitates ex Sicilia permultae testimonio suo legationibusque ad eam rem missis publice laudant, te omnium Siculorum patronum una Mamertina civitas, socia furtorum ac flagitiorum tuorum, publice laudat, ita tamen novo more, ut legati laedant, legatio laudet, ceterae quidem civitates publice litteris, legationibus, testimoniis accusant, queruntur, arguunt; si tu absolutus sis, se funditus eversas esse arbitrantur.

3. Eine Kalenderänderung des Verres

(§ 128—130)

128. Cephaloedi mensis est certus, quo mense sacerdotem maximum creari oporteat. Erat eius honoris cupidus Artemo quidam, Climachias cognomine, homo sane locuples et domi nobilis. Sed is fieri nullo modo poterat, si Herodotus quidam adesset. Ei locus ille atque honos in illum annum ita deberi putabatur, ut ne Climachias quidem contra diceret. Res ad istum defertur et istius more deciditur. Toreumata sane nota ac pretiosa auferuntur. Herodotus Romae erat; satis putabat se ad comitia tempore venturum, si pridie venisset. Iste, ne aut alio mense, ac fas erat, comitia haberentur aut Herodoto praesenti honos adimeretur, — id quod iste non laborabat, Climachias minime volebat — excogitat, — dixi iamdudum, non est homo acutior quisquam nec fuit — excogitat, inquam, quemadmodum mense illo legitimo comitia haberentur nec tamen Herodotus adesse posset. 129. Est consuetudo Siculorum ceterorumque Graecorum, quod suos dies mensesque congruere volunt cum solis lunaeque ratione, ut nonnumquam, si quid discrepret, eximant unum aliquem diem aut summum biduum ex mense, quos illi exhaeresimos dies nominant. Item nonnumquam uno die longiorem mensem faciunt aut biduo. Quae cum iste cognosset novus astrologus, qui non tam caeli rationem quam caelati argenti duceret, eximi iubet non diem ex mense, sed ex anno unum dimidiatumque mensem, hoc modo ut, quo die verbi causa esse oporteret Idus Ianuarias, in eum diem Kalendas Martias proscribi iuberet. Itaque fit omnibus recusantibus et plorantibus. Dies is erat legitimus comitiis habendis. Eo modo sacerdos Climachias renuntiatus est. 130. Herodotus cum Roma revertitur, diebus, ut ipse putabat, xv ante comitia, offendit eum mensem, qui consequitur mensem

comitialem, comitiis iam abhinc diebus xxx factis. Tunc Cephaloeditani decreverunt intercalarium xxxxv dies longum, ut reliqui menses in suam rationem reverterentur. Hoc si Romae fieri posset, certe aliqua ratione expugnasset iste, ut dies xxxxv inter binos ludos tollerentur, per quos solos iudicium fieri potest.

4. Gelderpressungen für Statuen des Verres
(§ 141—146)

141. ... Non mihi praetermittendum videtur ne illud quidem genus pecuniae conciliatae, quam tu a civitatibus statuarum nomine coëgisti. Video enim eius pecuniae summam esse pergrandem, ad HS viciens: tantum conficitur ex testimoniis et litteris civitatum. Et iste hoc concedit nec potest aliter dicere. Quare cuiusmodi putamus esse illa, quae negat, cum haec tam improba sint, quae fatetur? Quid enim vis constitui? consumptam esse omnem istam pecuniam in statuis? Fac ita esse; tamen hoc ferendum nullo modo est, tantam ab sociis pecuniam auferri, ut omnibus in angiportis praedonis improbissimi statua ponatur, qua vix tuto transiri posse videatur. 142. Verum ubi tandem aut in quibus statuis ista tanta pecunia consumpta est? „Consumetur“, inquies. Scilicet exspectemus legitimum illud quinquennium: si hoc intervallo non consumpserit, tum denique nomen eius de pecuniis repetundis statuarum nomine deferemus. Reus est maximis plurimisque criminibus in iudicium vocatus; HS viciens ex hoc uno genere captum videmus. Si condemnatus eris, non, opinor, id ages, ut ista pecunia in quinquennio consumatur in statuis; sin absolutus eris, quis erit tam amens, qui te ex tot tantisque criminibus elapsum post quinquennium statuarum nomine

arcessat? Ita si neque adhuc consumpta est ista pecunia et est perspicuum non consumptum iri, licet iam intellegamus inventam esse rationem, quare et iste HS viciens ex hoc uno genere conciliarit et ceperit, et ceteri, si hoc a vobis erit comprobatum, quam volent magnas hoc nomine pecunias capere possint; ut iam videamur non a pecuniis capiundis homines absterrere, sed, cum genera quaedam pecuniarum capiundarum comprobarimus, honesta nomina turpissimis rebus imponere. 143. Etenim, si C. Verres HS ccıↄↄ populum verbi gratia Centuripinum poposcisset eamque ab his pecuniam abstulisset, non, opinor, esset dubium, quin eum, cum id planum fieret, condemnari necesse esset. Quid? Si eundem populum HS $\overline{\text{cc}}$ poposcit eaque coëgit atque abstulit, num idcirco absolvetur, quod adscriptum est eam pecuniam datam statuarum nomine? Non, opinor; nisi forte id agimus, non ut magistratibus nostris moram accipiendi, sed ut sociis causam dandi afferre videamur. Quodsi quem statuae magno opere delectant et si quis earum honore et gloria ducitur, is haec tamen constituat necesse est, primum, averti pecuniam domum non placere, deinde, ipsarum statuarum modum quendam esse oportere, deinde illud certe ab invitis exigi non opertere. 144. Ac de avertenda pecunia quaero abs te, utrum ipsae civitates solitae sint statuas tibi faciundas locare ei, cui possent optima condicione locare, an aliquem curatorem praeficere, qui statuis faciundis praeesset, an tibi, an cui tu imperasses, adnumerare pecuniam. Nam si per eos statuae fiebant, a quibus tibi iste honos habebatur, audio; sin Timarchidi pecunia numerabatur, desine, quaeso, simulare te, cum in manifestissimo furto teneare, gloriae studiosum ac monumentorum fuisse.

Quid vero? modum statuarum haberi nullum placet? Atqui habeatur necesse est. 145. Etenim sic considerate. Syracusana civitas, ut eam potissimum nominem, dedit ipsi statuam — est honos — et patri — bella haec pietatis et quaestuosa simulatio — et filio — ferri hoc potest; hunc enim puerum non oderant; verum quotiens et quot nominibus a Syracusanis statuas auferes? Ut in foro statuerent, abstulisti, ut in curia, coëgisti, ut pecuniam conferrent in eas statuas, quae Romae ponerentur, imperasti; ut idem darent homines aratorum nomine: dederunt; ut idem pro parte in commune Siciliae conferrent: etiam id contulerunt. Una civitas cum tot nominibus pecuniam contulerit idemque hoc civitates ceterae fecerint, nonne res ipsa vos admonet, ut putetis modum aliquem huic cupiditati constitui oportere? Quodsi hoc voluntate sua nulla civitas fecit, si omnes imperio, metu, vi, malo adductae tibi pecuniam statuarum nomine contulerunt, per deos immortales! num cui dubium esse poterit, quin, etiamsi statuerit accipere ad statuas licere, idem tamen statuat eripere certe non licere? 146. Primum igitur in hanc rem testem totam Siciliam citabo, quae mihi una voce statuarum nomine magnam pecuniam per vim coactam esse demonstrat. Nam legationes omnium civitatum in postulatis communibus, quae fere omnia ex tuis iniuriis nata sunt, etiam hoc ediderunt, VT STATVAS NE CVI, NISI CVM IS DE PROVINCIA DECESSISSET, POLLICERENTVR . . .

Drittes Buch

Die Ausbeutung der Sizilier durch Verres bei den Getreideabgaben

(Verr. II 3, 10—15; 20f; 25—28; 35—39; 53—57; 66—69; 75f; 47; 120f; 163—165; 188—190)

1. Druck und Willkür bei der Erhebung des Zehnten

(§ 10—15; 20f; 25—28; 35—39; 53—57; 66—69; 75f; 47; 120f)

10. ... Nunc tractare causam instituimus frumentariam, quae magnitudine iniuriae et re criminibus ceteris antecellet, iucunditatis in agendo et varietatis minus habebit. Vestra autem auctoritate et prudentia dignissimum est, iudices, in audiendi diligentia non minus religioni tribuere quam voluptati. 11. In hac causa frumentaria cognoscenda haec vobis proponite, iudices, vos de rebus fortunisque Siculorum omnium, de civium Romanorum, qui arant in Sicilia, bonis, de vectigalibus a maioribus traditis, de vita victuque populi Romani cognituros. Quae si magna atque adeo maxima vobis videbuntur, quam varie et quam copiose dicantur, exspectare nolite. Neminem vestrum praeterit, iudices, omnem utilitatem opportunitatemque provinciae Siciliae, quae ad commoda populi Romani adiuncta sit, consistere in re frumentaria maxime. Nam ceteris rebus adiuvamur ex illa provincia, hac vero alimur ac sustinemur. 12. Ea causa tripertita, iudices, erit in accusatione. Primum enim de decumano, deinde de empto dicemus frumento, postremo de aestimato.

Inter Siciliam ceterasque provincias, iudices, in agrorum vectigalium ratione hoc interest, quod ceteris aut impositum vectigal est certum, quod stipendiarium dicitur, ut Hispanis et plerisque Poenorum, quasi victoriae praemium ac poena belli, aut censoria locatio constituta est, ut Asiae lege Sempronia. Siciliae civitates sic in amicitiam fidemque accepimus, ut eodem iure essent, quo fuissent, eadem condicione populo Romano parerent, qua suis antea paruissent. 13. Perpaucae Siciliae civitates sunt bello a maioribus nostris subactae. Quarum ager cum esset publicus populi Romani factus, tamen illis est redditus. Is ager a censoribus locari solet. Foederatae civitates duae sunt, quarum decumae venire non soleant, Mamertina et Tauromenitana, quinque praeterea sine foedere immunes ac liberae, Centuripina, Halaesina, Segestana, Halicyensis, Panhormitana. Praeterea omnis ager Siciliae civitatum decumanus est itemque ante imperium populi Romani ipsorum Siculorum voluntate et institutis fuit. 14. Videte nunc maiorum sapientiam, qui, cum Siciliam, tam opportunum subsidium belli atque pacis, ad rem publicam adiunxissent, tanta cura Siculos tueri ac retinere voluerunt, ut non modo eorum agris vectigal novum nullum imponerent, sed ne legem quidem venditionis decumarum neve vendundi aut tempus aut locum commutarent, ut certo tempore anni, ut ibidem in Sicilia, denique ut lege Hieronica venderent. Voluerunt eos in suis rebus ipsos interesse eorumque animos non modo lege nova, sed ne nomine quidem legis novo commoveri. 15. Itaque decumas lege Hieronica semper vendundas censuerunt, ut iis iucundior esset muneris illius functio, si eius regis, qui Siculis carissimus fuit, non solum instituta commutato imperio, verum etiam nomen maneret. Hoc iure ante Verrem praetorem Siculi semper usi sunt. Hic primus instituta omnium, consuetudinem a maioribus traditam, condicionem amicitiae, ius societatis convellere et commutare ausus est.

20. At quam legem corrigit, iudices, atque adeo totam tollit! Acutissime ac diligentissime scriptam, quae lex omnibus custodiis subiectum aratorem decumano tradidit, ut neque in segetibus neque in areis neque in horreis neque in admovendo neque in exportando frumento grano uno posset arator sine maxima poena fraudare decumanum. Scripta lex ita diligenter est, ut eum scripsisse appareat, qui alia vectigalia non haberet, ita acute, ut Siculum, ita severe, ut tyrannum, qua lege Siculis tamen arare expediret. Nam ita diligenter constituta sunt iura decumano, ut tamen ab invito aratore plus decuma non posset auferri.

21. Cum haec essent ita constituta, Verres tot annis atque adeo saeculis tot inventus est, qui haec non commutaret, sed everteret, eaque, quae iam diu ad salutem sociorum utilitatemque rei publicae composita comparataque essent, ad suos improbissimos quaestus converteret; qui primum certos instituerit nomine decumanos, re vera ministros ac satellites cupiditatum suarum. Per quos ostendam sic provinciam per triennium vexatam atque vastatam, iudices, ut eam multis annis multorum innocentia sapientiaque recreare nequeamus.

25. Primum edictum, iudices, audite praeclarum: QVANTVM DECVMANVS EDIDISSET ARATOREM SIBI DECVMAE DARE OPORTERE, VT TANTVM ARATOR DECVMANO DARE COGERETVR. Quomodo? — Quantum poposcerit Apronius, dato. — Quid est hoc? utrum praetoris institutum in socios an in hostis victos insani edictum atque imperium tyranni? — Ego tantundem, quantum ille poposcerit? poscet omne, quantum exaravero. — Quid omne? plus immo etiam, inquit, si volet. — Quid tum? Quid censes? — Aut dabis aut contra edictum fecisse damnabere. — Per deos immortales! quid est hoc? veri enim simile non est.

26. Sic mihi persuadeo, iudices, tametsi omnia in istum hominem convenire putetis, tamen hoc vobis falsum videri. Ego enim, cum hoc tota Sicilia diceret, tamen adfirmare non auderem, si haec edicta non ex ipsius tabulis totidem verbis recitare possem, sicuti faciam. Da, quaeso, scribae, recitet ex codice professionem. Recita. EDICTVUM DE PROFESSIONE. Negat me recitare totum; nam id significare nutu videtur. Quid praetereo? an illud, ubi caves tamen Siculis et miseros respicis aratores? Dicis enim te in decumanum, si plus abstulerit quam debitum sit, in octuplum iudicium daturum. Nihil mihi placet praetermitti. recita hoc quoque, quod postulat, totum. Recita. EDICTVM DE IVDICIO IN OCTVPLVM. Iudicio ut arator decumanum persequatur? Miserum atque iniquum! ex agro homines traducis in forum, ab aratro ad subsellia, ab usu rerum rusticarum ad insolitam litem atque iudicium? 27. Cum omnibus in aliis vectigalibus, Asiae, Macedoniae, Hispaniae, Galliae, Africae, Sardiniae, ipsius Italiae, quae vectigalia sunt, cum in his, inquam, rebus omnibus publicanus petitor ac pignerator, non ereptor neque possessor soleat esse, tu de optimo, de iustissimo, de honestissimo genere hominum, hoc est de aratoribus, ea iura constituebas, quae omnibus aliis essent contraria? Utrum est aequius decumanum petere an aratorem repetere? iudicium integra re an perdita fieri? eum, qui manu quaesierit, an eum, qui digito sit licitus, possidere? Quid? Qui singulis iugis arant, qui ab opere ipsi non recedunt, quo in numero magnus ante te praetorem numerus ac magna multitudo Siculorum fuit, quid facient, cum dederint Apronio, quod poposcerit? relinquent arationes, relinquent Larem familiarem suum? venient Syracusas, ut, te praetore videlicet, aequo iure

Apronium, delicias ac vitam tuam, iudicio recuperatorio persequantur? 28. Verum esto: reperietur aliqui fortis et experiens arator, qui, cum tantum dederit decumano, quantum ille deberi dixerit, iudicio repetat et poenam octupli persequatur: exspecto vim edicti, severitatem praetoris; faveo aratori, cupio octupli damnari Apronium. Quid tandem postulat arator? nihil nisi ex edicto iudicium in octuplum. Quid Apronius? non recusat. Quid praetor? iubet recuperatores reicere. „Decurias scribamus." Quas decurias? „De cohorte mea reicies", inquit. Quid? cohors ista quorum hominum est? „Volusii haruspicis et Corneli medici et horum canum, quos tribunal meum vides lambere"; nam de conventu nullum umquam iudicem nec recuperatorem dedit; iniquos decumanis esse aiebat omnis, qui ullam agri glebam possiderent. Veniendum erat ad eos contra Apronium, qui nondum Aproniani convivii crapulam exhalassent. O praeclarum et commemorandum iudicium! o severum edictum! o tutum perfugium aratorum!

35. Illa vero praeclara est clausula edicti, quod omnium controversiarum, quae essent inter aratorem et decumanum, si uter velit, edicit se recuperatores daturum. Primum, quae potest esse controversia, cum is, qui petere debet, aufert, et cum is non, quantum debetur, sed quantum commodum est, aufert, ille autem, unde ablatum est, iudicio suum recuperare nullo modo potest? deinde in hoc homo luteus etiam callidus ac veterator esse vult, quod ita scribit: SI VTER VOLET, RECVPERATORES DABO. Quam lepide se furari putat! Utrique facit potestatem, sed utrum ita scripserit, „si uter volet", an „si decumanus volet", nihil interest; arator enim tuos istos recuperatores numquam volet.

36. Quid? illa cuiusmodi sunt, quae ex tempore ab Apronio admonitus edixit? Q. Septicio, honestissimo equite Romano, resistente Apronio et affirmante se plus decuma non daturum, exoritur peculiare edictum repentinum: ne quis frumentum de area tolleret ante, quam cum decumano pactus esset. Ferebat hanc quoque iniquitatem Septicius et imbri frumentum corrumpi in area patiebatur, cum illud edictum repente uberrimum et quaestuosissimum nascitur, ut ante Kalendas Sextilis omnes decumas ad aquam deportatas haberent. 37. Hoc edicto non Siculi — nam eos quidem superioribus edictis satis perdiderat atque afflixerat — sed isti ipsi equites Romani, qui suum ius retinere se contra Apronium posse erant arbitrati, splendidi homines et aliis praetoribus gratiosi, vincti Apronio traditi sunt. Attendite enim, cuiusmodi edicta sint. NE TOLLAT, inquit, EX AREA, NISI ERIT PACTVS. Satis haec magna vis est ad inique paciscendum. Malo enim plus dare quam non mature ex area tollere. At ista vis Septicium et nonnullos Septici similes non coërcet, qui ita dicunt: „Non tollam potius quam paciscar." His hoc opponitur: „deportatum habeas ante Kalendas Sextiles." „Deportabo igitur." „Nisi pactus eris, non commovebis." Sic deportandi dies praestituta tollere cogebat ex area; prohibitio tollendi, nisi pactus esset, vim adhibebat pactioni, non voluntatem.

38. Iam vero illud non solum contra legem Hieronicam nec solum contra consuetudinem superiorum, sed etiam contra omnia iura Siculorum, quae habent a senatu populoque Romano, ne quis extra suum forum vadimonium promittere cogatur. Statuit iste, ut arator decumano, quo vellet decumanus, vadimonium promitteret, ut hic quoque Apronio, cum ex Leontino usque Lilybaeum aliquem vadaretur, ex mi-

seris aratoribus calumniandi quaestus accederet. Quamquam illa fuit ad calumniam singulari consilio reperta ratio, quod edixerat, ut aratores iugera sationum suarum profiterentur. Quae res cum ad pactiones iniquissimas magnam vim habuit, sicut ostendam, neque ad ullam utilitatem rei publicae pertinuit, tum vero ad calumnias, in quas omnes inciderent, quos vellet Apronius. 39. Ut enim quisque contra voluntatem eius dixerat, ita in eum iudicium de professione iugerum postulabatur, cuius iudicii metu magnus a multis frumenti numerus ablatus magnaeque pecuniae coactae sunt; non quo iugerum numerum vere profiteri esset difficile aut amplius etiam profiteri — quid enim in eo periculi posset esse? —, sed causa erat iudicii postulandi, quod ex edicto professus non esset. Iudicium autem quod fuerit isto praetore, si, quae cohors et qui comitatus fuerit, meministis, scire debetis . . .

53. . . . Nympho est Centuripinus, homo gnavus et industrius, experientissimus ac diligentissimus arator. Is cum arationes magnas conductas haberet, quod homines etiam locupletes, sicut ille est, in Sicilia facere consuerunt, easque magna impensa magnoque instrumento tueretur, tanta ab isto iniquitate oppressus est, ut non modo arationes relinqueret, sed etiam ex Sicilia profugeret Romamque una cum multis ab isto eiectis veniret. Fecit ut decumanus Nymphonem negaret ex edicto illo praeclaro, quod nullam ad aliam rem nisi ad huiusmodi quaestus pertinebat, numerum iugerum professum esse. 54. Nympho cum se vellet aequo iudicio defendere, dat iste viros optimos recuperatores, eundem illum medicum Cornelium (is est Artemidorus Pergaeus, qui in sua patria dux isti quondam et magister

ad spoliandum Dianae templum fuit) et haruspicem Volusium et Valerium praeconem. Nympho, antequam plane constitit, condemnatur. Quanti, fortasse quaeritis. Nulla erat edicti poena certa: frumenti eius omnis, quod in areis esset. Sic Apronius decumanus non decumam debitam, non frumentum remotum atque celatum, sed tritici VII milia medimnum ex Nymphonis arationibus edicti poena, non redemptionis aliquo iure tollit. 55. Xenonis Menaeni, nobilissimi hominis, uxoris fundus erat colono locatus. Colonus, quod decumanorum iniurias ferre non poterat, ex agro profugerat. Verres in Xenonem iudicium dabat illud suum damnatorium de iugerum professione. Xeno ad se pertinere negabat, fundum elocatum esse dicebat. Dabat iste iudicium, SI PARERET, IUGERA EIUS FUNDI PLURA ESSE, QUAM COLONUS ESSET PROFESSUS, tum uti Xeno damnaretur. Dicebat ille non modo se non arasse, id quod satis erat, sed nec dominum eius esse fundi nec locatorem, uxoris esse; eam ipsam suum negotium gerere, ipsam locavisse. Defendebat Xenonem homo summo splendore et summa auctoritate praeditus, M. Cossutius. Iste nihilominus iudicium HS ıↃↃↃ dabat. Ille tametsi recuperatores de cohorte latronum sibi parari videbat, tamen iudicium se accepturum esse dicebat. Tum iste magna voce Veneriis imperat, ut Xeno audiret, dum res iudicetur, hominem ut adservent; cum iudicata sit, ad se ut adducant. Et illud simul dixit se non putare illum, si propter divitias poenas damnationis contemneret, etiam virgas contempturum. Hac ille vi et hoc metu adductus tantum decumanis dedit, quantum iste imperavit. 56. Polemarchus est Murgentinus, vir bonus atque honestus. Ei cum pro iugeribus quinquaginta medimna DCC decumae imperarentur, quod recusabat, domum ad istum in ius eductus est, et cum iste etiam cubaret, in cubiculum introductus est, quod nisi mulieri et decumano patebat alii nemini. Ibi, cum pugnis et calcibus concisus esset, qui DCC medimnis decidere noluisset, mille promisit. Eubulidas est Grosphus, Centuripinus, homo cum virtute et nobilitate domi suae, tum etiam pecunia princeps. Huic homini, iudices, honestissimae civitatis honestissimo, non modo frumenti scitote, sed etiam vitae et sanguinis tantum relictum esse, quantum Aproni libido tulit. Nam vi, malo, plagis adductus est, ut frumenti daret non quantum deberet, sed quantum cogeretur. 57. Sostratus et Numenius et Nymphodorus eiusdem civitatis, cum ex agris tres fratres consortes profugissent, quod iis plus frumenti imperabatur quam quantum exararant, hominibus coactis in eorum arationes Apronius venit, omne instrumentum diripuit, familiam abduxit, pecus abegit. Postea cum ad eum Nymphodorus venisset Aetnam et oraret, ut sibi sua restituerentur, hominem corripi ac suspendi iussit in oleastro quodam, quae est arbor, iudices, Aetnae in foro. Tam diu pependit in arbore socius amicusque populi Romani in sociorum urbe ac foro, colonus aratorque vester, quamdiu voluntas Aproni tulit.

66. . . . Privatim hoc modo; quid? publice civitates tractatae quemadmodum sunt? audistis permulta, iudices, testimonia civitatum et reliquarum audietis. 67. Ac primum de Agyrinensi populo fideli et illustri breviter cognoscite. Agyrinensis est in primis honesta Siciliae civitas, hominum ante hunc praetorem locupletium summorumque aratorum. Eius agri decumas cum emisset idem Apronius, Agyrium venit. Qui cum apparitoribus eo cum vi ac minis venisset, poscere pecuniam grandem coepit, ut accepto lucro dis-

cederet. Nolle se negoti quicquam habere dicebat, sed accepta pecunia velle quam primum aliam civitatem occupare. Sunt omnes Siculi non contemnendi, si per nostros magistratus liceat, sed homines satis fortes, sed plane frugi ac sobrii, et in primis haec civitas, de qua loquor, iudices. 68. Itaque homini improbissimo respondent Agyrinenses sese decumas ei, quemadmodum deberent, daturos, lucrum, cum ille magno praesertim emisset, non additturos. Apronius certiorem facit istum, cuia res erat. Statim, tamquam coniuratio aliqua Agyri contra rem publicam facta aut legatus praetoris pulsatus esset, ita Agyrio magistratus et quinque primi accitu istius evocantur. Veniunt Syracusas; praesto est Apronius; ait eos ipsos, qui venissent, contra edictum praetoris fecisse. Quaerebant, quid? Respondebat se ad recuperatores esse dicturum. Iste aequissimus homo formidinem illam suam miseris Agyrinensibus iniciebat; recuperatores se de cohorte sua daturum minabatur. Agyrinenses, viri fortissimi, iudicium se passuros esse dicebant. 69. Ingerebat iste Artemidorum Cornelium medicum et Tlepolemum Cornelium pictorem et eiusmodi recuperatores, quorum civis Romanus nemo erat, sed Graeci sacrilegi iam pridem improbi, repente Cornelii. Videbant Agyrinenses, quicquid ad eos recuperatores Apronius attulisset, illum perfacile probaturum; condemnari cum istius invidia infamiaque malebant quam ad eius condiciones pactionesque accedere. Quaerebant, quae in verba recuperatores daret. Respondebat: SI PARERET ADVERSVS EDICTUM FECISSE; qua in re in iudicio dicturum esse aiebat. Iniquissimis verbis, improbissimis recuperatoribus conflictari malebant quam quicquam cum isto sua voluntate decidere. Summittebat iste Timarchidem, qui moneret eos, si saperent, ut transigerent.

Pernegabant. „Quid ergo? In singulos HS quinquagenis milibus damnari mavultis?“ Malle dicebant. Tum iste clare omnibus audientibus: „qui damnatus erit“, inquit, „virgis ad necem caedetur“. Hic illi flentes rogare atque orare coeperunt, ut sibi suas segetes fructusque omnes arationesque vacuas Apronio tradere liceret, ut ipsi sine ignominia molestiaque discederent.

75. ... Deinceps videamus, Herbitensis civitas honesta et antea copiosa quemadmodum spoliata ab isto ac vexata sit. At quorum hominum! summorum aratorum, remotissimorum a foro, iudiciis, controversiis, quibus parcere et consulere, homo impurissime, et quod genus hominum studiosissime conservare debuisti. Primo anno venierunt eius agri decumae tritici modium $\overline{\text{XVIII}}$. Atidius, istius item minister in decumis, cum emisset et praefecti nomine cum venisset Herbitam cum Veneriis locusque ei publice, quo deverteretur, datus esset, coguntur Herbitenses ei lucri dare tritici modium $\overline{\text{XXXVII}}$ DCCC, cum decumae venissent tritici modium $\overline{\text{XVIII}}$. Atque hoc tantum lucri coguntur dare publice tum, cum iam privatim aratores ex agris spoliati atque exagitati decumanorum iniuriis profugissent. 76. Anno secundo cum emisset Apronius decumas tritici modium $\overline{\text{XXV}}$ DCCC et ipse Herbitam cum illa sua praedonum copia manuque venisset, populus publice coactus est ei conferre lucri tritici modium $\overline{\text{XXI}}$ et accessionis HS CIↃCIↃ. De accessione dubito, an Apronio ipsi data sit, merces operae pretiumque impudentiae: de tritici quidem numero tanto, quis potest dubitare, quin ad istum praedonem frumentarium sicut Agyrinense frumentum pervenerit? ...

47. ... Cum quadriennio post in Siciliam venissem, sic mihi affecta visa est, ut eae terrae solent, in quibus

bellum acerbum diuturnumque versatum est. Quos ego campos antea collesque nitidissimos viridissimosque vidissem, hos ita vastatos nunc ac desertos videbam, ut ager ipse cultorem desiderare ac lugere dominum videretur. Herbitensis ager, Hennensis, Murgentinus, Assorinus, Imacharensis, Agyrinensis ita relictus erat ex maxima parte, ut non solum iugerum, sed etiam dominorum multitudinem quaereremus, Aetnensis vero ager, qui solebat esse cultissimus, et, quod caput est rei frumentariae, campus Leontinus, cuius antea species haec erat, ut, cum obsitum vidisses, annonae caritatem non vererere, sic erat deformis atque horridus, ut in uberrima Siciliae parte Siciliam quaereremus. Labefactarat enim vehementer aratores iam superior annus, proximus vero funditus everterat.

120. ... Ager decumanus provinciae Siciliae propter istius avaritiam desertus est. Neque id solum accidit, uti minus multis iugis ararent, si qui in agris remanserunt, sed etiam, ut permulti locupletes homines, magni et gnavi aratores, agros latos ac fertiles desererent totasque arationes derelinquerent. Id adeo sciri facillime potest ex litteris publicis civitatum, propterea quod lege Hieronica numerus aratorum quotannis apud magistratus publice subscribitur. Recita tandem, quot acceperit aratores agri Leontini Verres. — LXXXIV. — Quot anno tertio profiteantur. — XXXII. — Duo et quinquaginta aratores ita video deiectos, ut his ne vicarii quidem successerint. Quot aratores adveniente te fuerunt agri Mutycensis? Videamus ex litteris publicis. — CLXXXVII. — Quid anno tertio? — LXXXVI. Centum et unum aratores unus ager istius iniuria desiderat, atque adeo nostra res publica, quoniam illa populi Romani vectigalia sunt, hunc tot patrum familias numerum desiderat et reposcit. Ager Herbitensis primo anno

habuit aratores CCLII, tertio CXX; hinc CXXXII patres familias extorres profugerunt. Agyrinensis ager, quorum hominum, quam honestorum, quam locupletium! CCL aratores habuit primo anno praeturae tuae. Quid tertio anno? LXXX, quemadmodum legatos Agyrinenses recitare ex litteris publicis audistis. 121. Pro di immortales! si ex provincia tota CLXX aratores eiecisses, possesne severis iudicibus salvus esse? Unus ager Agyrinensis CLXX aratoribus inanior cum sit, vos coniecturam totius provinciae nonne facietis? Atque hoc peraeque in omni agro decumano reperietis. Quibus aliquid tamen reliqui fuerit ex magno patrimonio, eos in agris minore instrumento, minus multis iugis remansisse, quod metuebant, si discessissent, ne reliquas fortunas omnes amitterent. Quibus autem iste nihil reliqui, quod perderent, fecerat, eos plane non solum ex agris, verum etiam ex civitatibus suis profugisse. Illi ipsi, qui remanserant, vix decuma pars erat aratorum . . .

2. Missstände bei den anderen Getreideabgaben
(§ 163—165; 188—190)

163. . . . Sequitur, ut de frumento empto vos, iudices, doceam, maximo atque inpudentissimo furto. De quo dum certa et pauca et magna dicam breviter, attendite. Frumentum emere in Sicilia debuit Verres ex senatus consulto et ex lege Terentia et Cassia frumentaria. Emundi duo genera fuerunt, unum decumanum, alterum, quod praeterea civitatibus aequaliter esset distributum. Illius decumani tantum, quantum ex primis decumis fuisset, huius imperati in annos singulos tritici modium $\overline{\text{DCCC}}$; pretium autem constitutum decumano in modios singulos HS III, imperato HS III s. Ita in frumentum imperatum HS duodetriciens in annos singulos Verri

decernebatur, quod aratoribus solveret, in alteras decumas fere ad nonagiens. Sic per triennium ad hanc frumenti emptionem Siciliensem prope centiens et viciens erogatum est. 164. Hanc pecuniam tantam datam tibi ex aerario inopi atque exhausto, datam ad frumentum, hoc est ad necessitatem salutis et vitae, datam, ut Siculis aratoribus, quibus tanta onera res publica imponeret, solveretur, abs te sic laceratam esse dico, ut possim illud probare, si velim, omnem te hanc pecuniam domum tuam avertisse... 165. In hac pecunia publica, iudices, haec insunt tria genera furtorum: primum, cum posita esset pecunia apud eas societates, unde erat attributa, binis centesimis faeneratus est, deinde permultis civitatibus pro frumento nihil solvit omnino, postremo, si cui civitati solvit, tantum detraxit, quantum commodum fuit, nulli, quod debitum est, reddidit...

188. Dictum, iudices, est de decumano frumento, dictum de empto; extremum et reliquum est, de aestimato. Quod cum magnitudine pecuniae, tum iniuriae genere quemvis debet commovere, tum vero eo magis, quod ad hoc crimen non ingeniosa aliqua defensio, sed improbissima confessio comparatur. Nam cum ex senatus consulto et ex legibus frumentum in cellam ei sumere liceret idque frumentum senatus ita aestimasset: quaternis HS tritici modium, binis hordei, iste hordei numero ad summam tritici adiecto tritici modios singulos cum aratoribus ternis denariis aestimavit. Non est in hoc crimen, Hortensi, ne forte ad hoc meditere, multos saepe viros bonos et fortes et innocentes cum aratoribus et cum civitatibus frumentum, in cellam quod sumi oporteret, aestimasse et pecuniam pro frumento abstulisse. Scio, quid soleat fieri, scio, quid liceat. Nihil, quod antea fuerit in consue-

tudine bonorum, nunc in istius facto reprehenditur; 189. hoc reprehendo, quod, cum in Sicilia HS binis tritici modius esset, ut istius epistula ad te missa declarat, summum HS ternis, id quod et testimoniis omnium et tabulis aratorum planum factum antea est, tum iste pro tritici modiis singulis ternos ab aratoribus denarios exegit. Hoc crimen est, ut intellegas, non ex aestimatione neque ex ternis denariis pendere crimen, sed ex coniectione annonae et aestimationis. Etenim haec aestimatio nata est initio, iudices, non ex praetorum aut consulum, sed ex civitatum et aratorum commodo. Nemo enim fuit initio tam impudens, qui, cum frumentum deberetur, pecuniam posceret. Certe hoc ab aratore primum est profectum aut ab ea civitate, cui imperabatur. Cum aut frumentum vendidisset aut servare vellet aut in eum locum, quo imperabatur, portare nollet, petivit in beneficii loco et gratiae, ut sibi pro frumento, quanti frumentum esset, dare liceret. Ex huiuscemodi principio atque ex liberalitate et accommodatione magistratuum consuetudo aestimationis introducta est. 190. Secuti sunt avariores magistratus, qui tamen in avaritia sua non solum viam quaestus invenerunt, verum etiam exitum ac rationem defensionis. Instituerunt semper in ultima ac difficillima ad portandum loca frumentum imperare, ut vecturae difficultate ad quam vellent aestimationem pervenirent. In hoc genere facilior est existimatio quam reprehensio, ideo, quod eum, qui hoc facit, avarum possumus existimare, crimen in eo constituere non tam facile possumus, quod videtur concedendum magistratibus nostris esse, ut iis, quo loco velint, frumentum accipere liceat. Itaque hoc est, quod multi fortasse fecerunt, sed ita multi, ut ii, quos innocentissimos meminimus aut audivimus, non fecerint.

Viertes Buch

Raub von Kunstwerken

(Verr. II 4, 1—7; 38—52; 60—83; 94f; 105—115: 122—135)

Einleitung (§ 1—2)

1. Venio nunc ad istius, quemadmodum ipse appellat, studium, ut amici eius, morbum et insaniam, ut Siculi, latrocinium. Ego, quo nomine appellem, nescio. Rem vobis proponam, vos eam suo, non nominis pondere penditote. Genus ipsum prius cognoscite, iudices. Deinde fortasse non magno opere quaeretis, quo id nomine appellandum putetis. Nego in Sicilia tota, tam locupleti, tam vetere provincia, tot oppidis, tot familiis tam copiosis ullum argenteum vas, ullum Corinthium aut Deliacum fuisse, ullam gemmam aut margaritam, quicquam ex auro aut ebore factum, signum ullum aeneum, marmoreum, eburneum, nego ullam picturam neque in tabula neque in textili, quin conquisierit, inspexerit, quod placitum sit, abstulerit. 2. Magnum videor dicere; attendite etiam, quemadmodum dicam. Non enim verbi neque criminis augendi causa complector omnia. Cum dico nihil istum eiusmodi rerum in tota provincia reliquisse, Latine me scitote, non accusatorie loqui. Etiam planius: nihil in aedibus cuiusquam, ne in hospitis quidem, nihil in locis communibus, ne in fanis quidem, nihil apud Siculum, nihil apud civem Romanum, denique nihil istum, quod ad oculos animumque acciderit, neque privati neque publici neque profani neque sacri tota in Sicilia reliquisse.

1. Raub von Kunstwerken des C. Heius (§ 3—7)

3. Unde igitur potius incipiam quam ab ea civitate, quae tibi una in amore atque in deliciis fuit, aut ex

quo potius numero quam ex ipsis laudatoribus tuis? Facilius enim perspicietur, qualis apud eos fueris, qui te oderunt, qui accusant, qui persequuntur, cum apud tuos Mamertinos inveniare improbissima ratione esse praedatus. C. Heius est Mamertinus — omnes hoc mihi, qui Messanam accesserunt, facile concedunt — omnibus rebus illa in civitate ornatissimus. Huius domus est vel optima Messanae, notissima quidem certe et nostris hominibus apertissima maximeque hospitalis. Ea domus ante istius adventum ornata sic fuit, ut urbi quoque esset ornamento. Nam ipsa Messana, quae situ, moenibus portuque ornata sit, ab his rebus, quibus iste delectatur, sane vacua atque nuda est. 4. Erat apud Heium sacrarium magna cum dignitate in aedibus a maioribus traditum perantiquum, in quo signa pulcherrima quattuor summo artificio, summa nobilitate, quae non modo istum hominem ingeniosum atque intellegentem, verum etiam quemvis nostrum, quos iste idiotas appellat, delectare possent, unum Cupidinis marmoreum Praxiteli — nimirum didici etiam, dum in istum inquiro, artificum nomina — idem, opinor, artifex eiusdemmodi Cupidinem fecit illum, qui est Thespiis, propter quem Thespiae visuntur; nam alia visendi causa nulla est. Atque ille L. Mummius, cum Thespiadas, quae ad aedem Felicitatis sunt, ceteraque profana ex illo oppido signa tolleret, hunc marmoreum Cupidinem, quod erat consecratus, non attigit. 5. Verum, ut ad illud sacrarium redeam, signum erat hoc, quod dico, Cupidinis e marmore. Ex altera parte Hercules egregie factus ex aere. Is dicebatur esse Myronis, ut opinor, et certe. Item ante hos deos erant arulae, quae cuivis religionem sacrarii significare possent; erant aenea duo praeterea signa non maxima, verum eximia venustate, virginali habitu atque vestitu, quae manibus sublatis sacra quaedam more Atheniensium virginum reposita in capitibus sustinebant; Canephoroe ipsae vocabantur; sed earum artificem — quem? quemnam? recte admones — Polyclitum esse dicebant. Messanam ut quisque nostrum venerat, haec visere solebat. Omnibus haec ad visendum patebant cotidie. Domus erat non domino magis ornamento quam civitati. 6. C. Claudius, cuius aedilitatem magnificentissimam scimus fuisse, usus est hoc Cupidine tam diu, dum forum dis immortalibus populoque Romano habuit ornatum, et, cum hospes esset Heiorum, Mamertini autem populi patronus, ut illis benignis usus est ad commodandum, sic ipse diligens fuit ad reportandum. Nuper homines nobiles eiusmodi, iudices — sed quid dico nuper? immo vero modo ac plane paulo ante vidimus, qui forum et basilicas non spoliis provinciarum, sed ornamentis amicorum, commodis hospitum, non furtis nocentium ornarent. Qui tamen signa atque ornamenta sua cuique reddebant, non ablata ex urbibus sociorum quadridui causa per simulationem aedilitatis domum deinde atque ad suas villas auferebant. 7. Haec omnia, quae dixi, signa, iudices, ab Heio e sacrario Verres abstulit; nullum, inquam, horum reliquit neque aliud ullum tamen praeter unum pervetus ligneum, Bonam Fortunam, ut opinor; eam iste habere domi suae noluit. Pro deum hominumque fidem! quid hoc est? quae haec causa est, quae ista impudentia? Quae dico signa, antequam abs te sublata sunt, nemo Messanam cum imperio venit, quin viderit. Tot praetores, tot consules in Sicilia cum in pace, tum etiam in bello fuerunt, tot homines cuiusque modi — non loquor de integris, innocentibus, religiosis —, tot cupidi, tot improbi, tot audaces, quorum nemo sibi tam vehemens, tam potens, tam nobilis visus est, qui ex illo sacrario quicquam poscere aut tollere aut attingere auderet: Verres, quod ubique erit pulcherrimum, auferet? nihil habere cuiquam praeterea licebit? tot domus locupletissimas domus istius una capiet? idcirco nemo superiorum attigit, ut hic tolleret? ideo C. Claudius Pulcher rettulit, ut C. Verres posset auferre? At non requirebat ille Cupido lenonis domum ac meretriciam disciplinam, facile illo sacrario patrio continebatur; Heio se a maioribus relictum esse sciebat in hereditate sacrorum; non quaerebat meretricis heredem.

2. Raub von Kunstwerken des Diodorus (§ 38—42)

38. Sed quid ego istius in eiusmodi rebus mediocris iniurias colligo, quae tantummodo in furtis istius et damnis eorum, a quibus auferebat, versatae esse videantur? Accipite, si vultis, iudices, rem eiusmodi, ut amentiam singularem et furorem iam, non cupiditatem eius perspicere possitis. Melitensis Diodorus est, qui apud vos antea testimonium dixit. Is Lilybaei multos iam annos habitat, homo et domi nobilis et apud eos, quo se contulit, propter virtutem splendidus et gratiosus. De hoc Verri dicitur habere eum perbona toreumata, in his pocula quaedam, quae Thericlia nominantur, Mentoris manu summo artificio facta. Quod iste ubi audivit, sic cupiditate inflammatus est non solum inspiciendi, verum etiam auferendi, ut Diodorum ad se vocaret ac posceret. Ille, qui illa non invitus haberet, respondit Lilybaei se non habere, Melitae apud quendam propinquum suum reliquisse. 39. Tum iste continuo mittit homines certos Melitam, scribit ad quosdam Melitenses, ut ea vasa perquirant, rogat Diodorum, ut ad illum propinquum suum det litteras. Nihil ei longius videbatur, quam dum illud

videret argentum. Diodorus, homo frugi ac diligens, qui sua servare vellet, ad propinquum suum scribit, ut iis, qui a Verre venissent, responderet illud argentum se paucis illis diebus misisse Lilybaeum. Ipse interea recedit; abesse a domo paulisper maluit quam praesens illud optime factum argentum amittere. Quod ubi iste audivit, usque eo commotus est, ut sine ulla dubitatione insanire omnibus ac furere videretur. Quia non potuerat eripere argentum ipse Diodoro, erepta sibi vasa optime facta dicebat; minitari absenti Diodoro, vociferari palam, lacrimas interdum vix tenere. Eriphylam accepimus in fabulis ea cupiditate, ut, cum vidisset monile, ut opinor, ex auro et gemmis, pulchritudine eius incensa salutem viri proderet. Similis istius cupiditas, hoc etiam acrior atque insanior, quod illa cupiebat id, quod viderat, huius libidines non solum oculis, sed etiam auribus excitabantur. 40. Conquiri Diodorum tota provincia iubet. Ille ex Sicilia iam castra commoverat et vasa collegerat. Homo, ut aliquo modo in provinciam illum revocaret, hanc excogitat rationem, si haec ratio potius quam amentia nominanda est. Apponit de suis canibus quendam, qui dicat se Diodorum Melitensem rei capitalis reum velle facere. Primo mirum omnibus videri Diodorum reum, hominem quietissimum, ab omni non modo facinoris, verum etiam minimi errati suspicione remotissimum; deinde esse perspicuum fieri omnia illa propter argentum. Iste non dubitat iubere nomen deferri, et tum primum, ut opinor, istum absentis nomen recepisse. 41. Res clara Sicilia tota propter caelati argenti cupiditatem reos fieri rerum capitalium, neque solum reos fieri, sed etiam absentis. Diodorus Romae sordidatus circum patronos atque hospites cursare, rem omnibus narrare. Litterae mittuntur isti a patre vehementes, ab amicis item, videret, quid ageret de Diodoro, quo progrederetur; rem claram esse et invidiosam; insanire hominem, periturum hoc uno crimine, nisi cavisset. Iste etiam tum patrem, si non in parentis, at in hominum numero putabat; ad iudicium nondum se satis instruxerat; primus annus erat provinciae, non, ut in Sthenio, iam refertus pecunia. Itaque furor eius paululum non pudore, sed metu ac timore repressus est. Condemnare Diodorum non audet absentem, de reis eximit. Diodorus interea praetore isto prope triennium provincia domoque caruit. 42. Ceteri non solum Siculi, sed etiam cives Romani hoc statuerant, quoniam iste tantum cupiditate progrederetur, nihil esse, quod quisquam putaret se, quod isti paulo magis placeret, conservare aut domi retinere posse. Postea vero quam intellexerunt isti virum fortem, quem summe provincia exspectabat, Q. Arrium, non succedere, statuerunt nihil se tam clausum neque tam reconditum posse habere, quod non istius cupiditati apertissimum promptissimumque esset.

3. **Raub von Kunstwerken des Cn. Calidius** (§ 42—45)

Tum iste ab equite Romano splendido et gratioso, Cn. Calidio, cuius filium sciebat senatorem populi Romani et iudicem esse, eculeos argenteos nobiles, qui Q. Maximi fuerant, aufert. 43. Imprudens huc incidi, iudices; emit enim, non abstulit; nollem dixisse; iactabit se et in his equitabit eculeis. „Emi, pecuniam solvi.“ Credo. „Etiam tabulae proferentur.“ Est tanti; cedo tabulas. Dilue sane crimen hoc Calidianum, dum ego tabulas adspicere possim. Verum tamen quid erat, quod Calidius Romae quereretur se, cum tot annos in Sicilia negotiaretur, abs te solo ita esse contemptum, ita despectum, ut etiam una cum ceteris

Siculis despoliaretur? Si emeras, quid erat, quod confirmabat se abs te argentum esse repetiturum, si id tibi sua voluntate vendiderat? Tu porro posses facere, ut Cn. Calidio non redderes? praesertim cum is L. Sisenna, defensore tuo, tam familiariter uteretur, et cum ceteris familiaribus Sisennae reddidisses. 44. Denique non opinor negaturum esse te homini honesto, sed non gratiosiori, quam Cn. Calidius est, L. Curidio, te argentum per Potamonem, amicum tuum, reddidisse. Qui quidem ceterorum causam apud te difficiliorem fecit. Nam cum te compluribus confirmasses redditurum, posteaquam Curidius pro testimonio dixit te sibi reddidisse, finem reddendi fecisti, quod intellexisti praeda te de manibus amissa testimonium tamen effugere non posse. Cn. Calidio, equiti Romano, per omnis alios praetores licuit habere argentum bene factum, licuit posse domesticis copiis, cum magistratum aut aliquem superiorem invitasset, ornare et apparare convivium. Multi domi Cn. Calidi cum potestate ac imperio fuerunt; nemo inventus est tam amens, qui illud argentum tam praeclarum ac tam nobile eriperet, nemo tam audax, qui posceret, nemo tam impudens, qui postularet, ut venderet. 45. Superbum est enim, iudices, et non ferendum dicere praetorem in provincia homini honesto, locupleti, splendido: „vende mihi vasa caelata“. Hoc est enim dicere: „non es dignus tu, qui habeas, quae tam bene facta sunt, meae dignitatis ista sunt.“ Tu dignior, Verres, quam Calidius? qui — ut non conferam vitam neque existimationem tuam cum illius; neque enim est conferenda; hoc ipsum conferam, quo tu te superiorem fingis — quod HS $\overline{\text{ccc}}$ divisoribus, ut praetor renuntiarere, dedisti, trecenta accusatori, ne tibi odiosus esset, ea re contemnis equestrem ordinem et despicis? ea re tibi indignum visum est quicquam, quod tibi placeret, Calidium potius habere quam te?

4. Raub von Kunstwerken des L. Papinius u. a.

(§ 46—52)

46. Iactat se iamdudum de Calidio, narrat omnibus emisse se. Num etiam de L. Papinio, viro primario, locupleti honestoque equite Romano turibulum emisti? qui pro testimonio dixit te, cum inspiciendum poposcisses, evulso emblemate remisisse; ut intellegatis in homine intellegentiam esse, non avaritiam, artifici cupidum, non argenti fuisse. Nec solum in Papinio fuit hac abstinentia; tenuit hoc institutum in turibulis omnibus, quaecumque in Sicilia fuerunt. Incredibile est autem, quam multa et quam praeclara fuerint. Credo tum, cum Sicilia florebat opibus et copiis, magna artificia fuisse in ea insula. Nam domus erat ante istum praetorem nulla paulo locupletior, qua in domo haec non essent, etiamsi praeterea nihil esset argenti, patella grandis cum sigillis ac simulacris deorum, patera, qua mulieres ad res divinas uterentur, turibulum. Haec autem omnia antiquo opere et summo artificio facta, ut hoc liceret suspicari, fuisse aliquando apud Siculos peraeque pro portione cetera, sed quibus multa fortuna ademisset, tamen apud eos remansisse ea, quae religio retinuisset. 47. Dixi, iudices, multa fuisse fere apud omnes Siculos; ego idem confirmo nunc ne unum quidem esse. Quid hoc est? quod hoc monstrum, quod prodigium in provinciam misimus? Nonne vobis id egisse videtur, ut non unius libidinem, non suos oculos, sed omnium cupidissimorum insanias, cum Romam revertisset, expleret? Qui simulatque

in oppidum quodpiam venerat, immittebantur illi continuo Cibyratici canes, qui investigabant et perscrutabantur omnia. Si quod erat grande vas et maius opus inventum, laeti adferebant; si minus eiusmodi quidpiam venari potuerant, illa quidem certe pro lepusculis capiebantur, patellae, paterae, turibula. Hic quos putatis fletus mulierum, quas lamentationes fieri solitas esse in hisce rebus? quae forsitan vobis parvae esse videantur, sed magnum et acerbum dolorem commovent, mulierculis praesertim, cum eripiuntur e manibus ea, quibus ad res divinas uti consuerunt, quae a suis acceperunt, quae in familia semper fuerunt.

48. Hic nolite exspectare, dum ego haec crimina agam ostiatim, ab Aeschylo Tyndaritano istum pateram abstulisse, a Thrasone item Tyndaritano patellam, a Nymphodoro Agrigentino turibulum. Cum testes ex Sicilia dabo, quem volet ille eligat, quem ego interrogem de patellis, pateris, turibulis: non modo oppidum nullum, sed ne domus quidem ulla paulo locupletior expers huius iniuriae reperietur. Qui cum in convivium venisset, si quicquam caelati adspexerat, manus abstinere, iudices, non poterat. Cn. Pompeius est, Philo qui fuit, Tyndaritanus. Is cenam isti dabat apud villam in Tyndaritano. Fecit, quod Siculi non audebant; ille, civis Romanus quod erat, impunius id se facturum putavit; apposuit patellam, in qua sigilla erant egregia. Iste continuo ut vidit, non dubitavit illud insigne penatium hospitaliumque deorum ex hospitali mensa tollere, sed tamen, quod ante de istius abstinentia dixeram, sigillis avulsis reliquum argentum sine ulla avaritia reddidit. 49. Quid? Eupolemo Calactino, homini nobili, Lucullorum hospiti ac perfamiliari, qui nunc apud exercitum cum L. Lucullo est, non idem fecit? Cenabat apud eum; argentum ille

ceterum purum adposuerat, ne purus ipse relinqueretur, duo pocula non magna, verum tamen cum emblemate. Hic tamquam festivum acroama, ne sine corollario de convivio discederet, ibidem convivis spectantibus emblemata evellenda curavit. Neque ego nunc istius facta omnia enumerare conor, neque opus est nec fieri ullo modo potest: tantum uniuscuiusque de varia improbitate generis indicia apud vos et exempla profero. Neque enim ita se gessit in his rebus, tamquam rationem aliquando esset redditurus, sed prorsus ita, quasi aut reus numquam esset futurus, aut quo plura abstulisset, eo minore periculo in iudicium venturus esset, qui haec, quae dico, iam non occulte, non per amicos atque interpretes, sed palam de loco superiore ageret pro imperio et potestate. 50. Catinam cum venisset, oppidum locuples, honestum, copiosum, Dionysiarchum ad se proagorum, hoc est summum magistratum, vocari iubet. Ei palam imperat, ut omne argentum, quod apud quemque esset Catinae, conquirendum curaret et ad se adferendum. Phylarchum Centuripinum, primum hominem genere, virtute, pecunia, non hoc idem iuratum dicere audistis, sibi istum negotium dedisse atque imperasse, ut Centuripinis, in civitate totius Siciliae multo maxima et locupletissima, omne argentum conquireret et ad se comportari iuberet? Agyrio similiter istius imperio vasa Corinthia per Apollodorum, quem testem audistis, Syracusas deportata sunt. 51. Illa vero optima, quod, cum Haluntium venisset praetor laboriosus et diligens, ipse in oppidum noluit accedere, quod erat difficili ascensu atque arduo, Archagathum Haluntinum, hominem non solum domi, sed tota Sicilia in primis nobilem, vocari iussit. Ei negotium dedit, ut, quidquid Halunti esset argenti caelati aut si quid etiam Corinthiorum, id omne statim ad mare ex oppido deportaretur. Escendit in oppidum Archagathus. Homo nobilis, qui a suis amari et diligi vellet, ferebat graviter illam sibi ab isto provinciam datam nec, quid faceret, habebat; pronuntiat, quid sibi imperatum esset, iubet omnis proferre, quod haberent. Metus erat summus; ipse enim tyrannus non discedebat longius, Archagathum et argentum in lectica cubans ad mare infra oppidum exspectabat. 52. Quem concursum in oppido factum putatis, quem clamorem, quem porro fletum mulierum? qui videret, equum Troianum introductum, urbem captam diceret. Efferri sine thecis vasa, extorqueri alia e manibus mulierum, effringi multorum fores, revelli claustra. Quid enim putatis? scuta si quando conquiruntur a privatis in bello ac tumultu, tamen homines inviti dant, etsi ad salutem communem dari sentiunt; ne quem putetis sine maximo dolore argentum caelatum domo, quod alter eriperet, protulisse. Omnia deferuntur. Cibyratae fratres vocantur; pauca improbant; quae probarant, iis crustae aut emblemata detrahebantur. Sic Haluntini excussis deliciis cum argento puro domum revertuntur.

5. Unterschlagung eines Kandelabers, den Antiochus v. Syrien auf dem Kapitol Jupiter weihen wollte (§ 60—71)

60. ... Venio nunc non iam ad furtum, non ad avaritiam, non ad cupiditatem, sed ad eiusmodi facinus, in quo omnia nefaria contineri mihi atque inesse videantur; in quo di immortales violati, existimatio atque auctoritas nominis populi Romani imminuta, hospitium spoliatum ac proditum, abalienati scelere istius a nobis omnes reges amicissimi nationesque, quae in eorum

regno ac dicione sunt. 61. Nam reges Syriae, regis Antiochi filios pueros, scitis Romae nuper fuisse; qui venerant non propter Syriae regnum — nam id sine controversia obtinebant, ut a patre et a maioribus acceperant —, sed regnum Aegypti ad se et ad Selenen, matrem suam, pertinere arbitrabantur. Hi posteaquam temporibus rei publicae exclusi per senatum agere, quae voluerant, non potuerunt, in Syriam in regnum patrium profecti sunt. Eorum alter, qui Antiochus vocatur, iter per Siciliam facere voluit. Itaque isto praetore venit Syracusas. 62. Hic Verres hereditatem sibi venisse arbitratus est, quod in eius regnum ac manus venerat is, quem iste et audierat multa secum praeclara habere et suspicabatur. Mittit homini munera satis large, haec ad usum domesticum: olei, vini, quod visum est, etiam tritici, quod satis esset, de suis decumis. Deinde ipsum regem ad cenam vocavit. Exornat ample magnificeque triclinium, exponit ea, quibus abundabat, plurima ac pulcherrima vasa argentea — nam haec aurea nondum fecerat —, omnibus curat rebus instructum et paratum ut sit convivium. Quid multa? rex ita discessit, ut et istum copiose ornatum et se honorifice acceptum arbitraretur. Vocat ad cenam deinde ipse praetorem, exponit suas copias omnis, multum argentum, non pauca etiam pocula ex auro, quae, ut mos est regius et maxime in Syria, gemmis erant distincta clarissimis. Erat etiam vas vinarium, ex una gemma pergrandi trulla excavata cum manubrio aureo, de qua, credo, satis idoneum, satis gravem testem, Q. Minucium, dicere audistis. 63. Iste unumquodque vas in manus sumere, laudare, mirari. Rex gaudere praetori populi Romani satis iucundum et gratum illud esse convivium. Posteaquam inde discessum est, cogitare nihil iste aliud, quod ipsa res declaravit, nisi quemadmodum regem ex provincia spoliatum expilatumque dimitteret. Mittit rogatum vasa ea, quae pulcherrima apud eum viderat, ait se suis caelatoribus velle ostendere. Rex, qui illum non nosset, sine ulla suspicione libentissime dedit. Mittit etiam trullam gemmeam rogatum; velle se eam diligentius considerare. Ea quoque ei mittitur. 64. Nunc reliquum, iudices, attendite, de quo et vos audistis et populus Romanus non nunc primum audiet et in exteris nationibus usque ad ultimas terras pervulgatum est. Candelabrum e gemmis clarissimis opere mirabili perfectum reges ii, quos dico, Romam cum attulissent, ut in Capitolio ponerent, quod nondum perfectum templum offenderant, neque ponere potuerunt neque vulgo ostendere ac proferre voluerunt, ut et magnificentius videretur, cum suo tempore in cella Iovis Optimi Maximi poneretur, et clarius, cum pulchritudo eius recens ad oculos hominum atque integra perveniret. Statuerunt id secum in Syriam reportare, ut, cum audissent simulacrum Iovis Optimi Maximi dedicatum, legatos mitterent, qui cum ceteris rebus illud quoque eximium ac pulcherrimum donum in Capitolium afferrent. Pervenit res ad istius aures, nescio quomodo. Nam rex id celatum voluerat, non quo quicquam metueret aut suspicaretur, sed ut ne multi illud ante praeciperent oculis quam populus Romanus. Iste petit a rege et eum pluribus verbis rogat, ut id ad se mittat; cupere se dicit inspicere neque se aliis videndi potestatem esse facturum. 65. Antiochus, qui animo et puerili esset et regio, nihil de istius improbitate suspicatus est, imperat suis, ut id in praetorium involutum quam occultissime deferrent. Quo posteaquam attulerunt involucrisque reiectis constituerunt, clamare iste coepit dignam rem esse regno

Syriae, dignam regio munere, dignam Capitolio. Etenim erat eo splendore, qui ex clarissimis et pulcherrimis gemmis esse debebat, ea varietate operum, ut ars certare videretur cum copia, ea magnitudine, ut intellegi posset non ad hominum adparatum, sed ad amplissimi templi ornatum esse factum. Cum satis iam perspexisse videretur, tollere incipiunt, ut referrent. Iste ait se velle illud etiam atque etiam considerare; nequaquam se esse satiatum; iubet illos discedere et candelabrum relinquere. Sic illi tum inanes ad Antiochum revertuntur. 66. Rex primo nihil metuere, nihil suspicari. Dies unus, alter, plures: non referri. Tum mittit, si videatur, ut reddat. Iubet iste posterius ad se reverti. Mirum illi videri, mittit iterum, non redditur. Ipse hominem appellat, rogat, ut reddat. Os hominis insignemque impudentiam cognoscite. Quod sciret, quod ex ipso rege audisset in Capitolio esse ponendum, quod Iovi Optimo Maximo, quod populo Romano servari videret, id sibi ut donaret, rogare et vehementissime petere coepit. Cum ille se et religione Iovis Capitolini et hominum existimatione impediri diceret, quod multae nationes testes essent illius operis ac muneris, iste homini minari acerrime coepit. Ubi videt eum nihilo magis minis quam precibus permoveri, repente hominem de provincia iubet ante noctem decedere; ait se comperisse ex eius regno piratas ad Siciliam esse venturos. 67. Rex maximo conventu Syracusis in foro — ne quis forte me in crimine obscuro versari atque adfingere aliquid suspicione hominum arbitretur — in foro, inquam, Syracusis flens ac deos hominesque contestans clamare coepit candelabrum factum e gemmis, quod in Capitolium missurus esset, quod in templo clarissimo populo Romano monumentum suae societatis amicitiaeque esse voluisset, id sibi C. Verrem abstulisse; de ceteris operibus ex auro et gemmis, quae sua penes illum essent, se non laborare, hoc sibi eripi miserum esse et indignum. Id etsi antea iam mente et cogitatione sua fratrisque sui consecratum esset, tamen tum se in illo conventu civium Romanorum dare, donare, dicare, consecrare Iovi Optimo Maximo testemque ipsum Iovem suae voluntatis ac religionis adhibere. Quae vox, quae latera, quae vires huius unius criminis querimoniam possunt sustinere? Rex Antiochus, qui Romae ante oculos omnium nostrum biennium fere comitatu regio atque ornatu fuisset, is cum amicus et socius populi Romani esset, amicissimo patre, avo, maioribus, antiquissimis et clarissimis regibus, opulentissimo et maximo regno, praeceps e provincia populi Romani exturbatus est. 68. Quemadmodum hoc accepturas nationes exteras, quemadmodum huius tui facti famam in regna aliorum atque in ultimas terras perventuram putasti, cum audirent a praetore populi Romani in provincia violatum regem, spoliatum hospitem, eiectum socium populi Romani atque amicum? Nomen vestrum populique Romani odio atque acerbitati scitote nationibus exteris, iudices, futurum, si istius haec tanta iniuria impunita discesserit. Sic omnes arbitrabuntur, praesertim cum haec fama de nostrorum hominum avaritia et cupiditate percrebruerit, non istius solius hoc esse facinus, sed eorum etiam, qui adprobarint. Multi reges, multae liberae civitates, multi privati opulenti ac potentes habent profecto in animo Capitolium sic ornare, ut templi dignitas imperiique nostri nomen desiderat. Qui si intellexerint interverso hoc regali dono graviter vos tulisse, grata fore vobis populoque Romano sua studia ac dona arbitrabuntur; sin hoc vos in rege tam nobili, re tam eximia, iniuria tam acerba neglexisse audient, non erunt tam amentes, ut operam, curam, pecuniam impendant in eas res, quas vobis gratas fore non arbitrentur. 69. Hoc loco, Q. Catule, te appello; loquor enim de tuo clarissimo pulcherrimoque monumento. Non iudicis solum severitatem in hoc crimine, sed prope inimici atque accusatoris vim suscipere debes. Tuus enim honos illo templo senatus populique Romani beneficio, tui nominis aeterna memoria simul cum templo illo consecratur; tibi haec cura suscipienda, tibi haec opera sumenda est, ut Capitolium quemadmodum magnificentius est restitutum, sic copiosius ornatum sit quam fuit, ut illa flamma divinitus exstitisse videatur, non quae deleret Iovis Optimi Maximi templum, sed quae praeclarius magnificentiusque deposceret. 70. Audisti Q. Minucium dicere domi suae deversatum esse Antiochum regem Syracusis; se illud scire ad istum esse delatum, se scire non redditum; audisti et audies homines e conventu Syracusano, qui ita dicant, sese audientibus illud Iovi Optimo Maximo dicatum esse ab rege Antiocho et consecratum. Si iudex non esses et haec ad te delata res esset, te potissimum hoc persequi, te petere, te agere oporteret. Quare non dubito, quo animo iudex huius criminis esse debeas, qui apud alium iudicem multo acrior, quam ego sum, actor accusatorque esse deberes. 71. Vobis autem, iudices, quid hoc indignius aut quid minus ferendum videri potest? Verresne habebit domi suae candelabrum Iovis e gemmis auroque perfectum? cuius fulgore conlucere atque inlustrari Iovis Optimi Maximi templum oportebat, id apud istum in eiusmodi conviviis constituetur, quae domesticis stupris flagitiisque flagrabunt? In istius lenonis turpissimi domo simul cum ceteris Chelidonis hereditariis ornamentis Capitoli ornamenta ponentur? Quid huic sacri umquam fore aut quid religiosi fuisse putatis, qui nunc tanto scelere se obstrictum esse non sentiat, qui in iudicium veniat, ubi ne precari quidem Iovem Optimum Maximum atque ab eo auxilium petere more omnium possit? a quo etiam di immortales sua repetunt in eo iudicio, quod hominibus ad suas res repetendas est constitutum. Miramur Athenis Minervam, Deli Apollinem, Iunonem Sami, Pergae Dianam, multos praeterea ab isto deos tota Asia Graeciaque violatos, qui a Capitolio manus abstinere non potuerit? quod privati homines de suis pecuniis ornant ornaturique sunt, id C. Verres ab regibus ornari non passus est.

6. Raub der Dianastatue von Segesta (§ 72—83)

72. Itaque hoc nefario scelere concepto nihil postea tota in Sicilia neque sacri neque religiosi duxit esse; ita sese in ea provincia per triennium gessit, ut ab isto non solum hominibus, verum etiam dis immortalibus bellum indictum putaretur. Segesta est oppidum pervetus in Sicilia, iudices, quod ab Aenea fugiente a Troia atque in haec loca veniente conditum esse demonstrant. Itaque Segestani non solum perpetua societate atque amicitia, verum etiam cognatione se cum populo Romano coniunctos esse arbitrantur. Hoc quondam oppidum, cum illa civitas cum Poenis suo nomine ac sua sponte bellaret, a Carthaginiensibus vi captum atque deletum est omniaque, quae ornamento urbi esse possent, Carthaginem sunt ex illo loco deportata. Fuit apud Segestanos ex aere Dianae simulacrum cum summa atque antiquissima praeditum religione, tum singulari opere artificioque perfectum. Hoc translatum Carthaginem locum tantum hominesque mutarat, religionem quidem pristinam conservabat. Nam propter eximiam pulchri-

tudinem etiam hostibus digna, quam sanctissime colerent, videbatur. 73. Aliquot saeculis post P. Scipio bello Punico tertio Carthaginem cepit. Qua in victoria — videte hominis virtutem et diligentiam, ut et domesticis praeclarissimae virtutis exemplis gaudeatis et eo maiore odio dignam istius incredibilem audaciam iudicetis — convocatis Siculis omnibus, quod diutissime saepissimeque Siciliam vexatam a Carthaginiensibus esse cognorat, iubet omnia conquiri; pollicetur sibi magnae curae fore, ut omnia civitatibus, quae cuiusque fuissent, restituerentur. Tum illa, quae quondam erant Himera sublata, de quibus antea dixi, Thermitanis sunt reddita, tum alia Gelensibus, alia Agrigentinis, in quibus etiam ille nobilis taurus, quem crudelissimus omnium tyrannorum Phalaris habuisse dicitur, quo vivos supplicii causa demittere homines et subicere flammam solebat. Quem taurum cum Scipio redderet Agrigentinis, dixisse dicitur aequum esse illos cogitare, utrum esset Siculis utilius, suisne servire anne populo Romano obtemperare, cum idem monumentum et domesticae crudelitatis et nostrae mansuetudinis haberent. 74. Illo tempore Segestanis maxima cum cura haec ipsa Diana, de qua dicimus, redditur; reportatur Segestam, in suis antiquis sedibus summa cum gratulatione civium et laetitia reponitur. Haec erat posita Segestae sane excelsa in basi, in qua grandibus litteris P. Africani nomen erat incisum eumque Carthagine capta restituisse perscriptum. Colebatur a civibus, ab omnibus advenis visebatur. Cum quaestor essem, nihil mihi ab illis est demonstratum prius. Erat admodum amplum signum cum stola. Verum tamen inerat in illa magnitudine aetas atque habitus virginalis. Sagittae pendebant ab umero, sinistra manu retinebat arcum, dextra ardentem facem praeferebat. 75. Hanc cum iste sacrorum omnium et religionum hostis praedoque vidisset, quasi illa ipsa face percussus esset, ita flagrare cupiditate atque amentia coepit; imperat magistratibus, ut eam demoliantur et sibi dent; nihil sibi gratius ostendit futurum. Illi vero dicere sibi id nefas esse, seseque cum summa religione, tum summo metu legum et iudiciorum teneri. Iste tum petere ab illis, tum minari, tum spem, tum metum ostendere. Opponebant illi nomen interdum P. Africani; populi Romani illud esse dicebant; nihil se in eo potestatis habere, quod imperator clarissimus urbe hostium capta monumentum victoriae populi Romani esse voluisset. 76. Cum iste nihilo remissius atque etiam multo vehementius instaret cotidie, res agitur in senatu. Vehementer ab omnibus reclamatur. Itaque illo tempore ac primo istius adventu pernegatur. Postea, quidquid erat oneris in nautis remigibusque exigendis, in frumento imperando, Segestanis praeter ceteros imponebat, aliquanto amplius quam ferre possent. Praeterea magistratus eorum evocabat, optimum quemque et nobilissimum ad se arcessebat, circum omnia provinciae fora rapiebat, singillatim unicuique calamitati fore se denuntiabat, universis se funditus eversurum esse illam civitatem minabatur. Itaque aliquando multis malis magnoque metu victi Segestani praetoris imperio parendum esse decreverunt. Magno cum luctu et gemitu totius civitatis, multis cum lacrimis et lamentationibus virorum mulierumque omnium simulacrum Dianae tollendum locatur. 77. Videte, quanta religione fuerit. Apud Segestanos repertum esse, iudices, scitote neminem neque liberum neque servum neque civem neque peregrinum, qui illud signum auderet attingere. Barbaros quosdam Lilybaeo scitote adductos esse operarios; hi denique illud ignari totius negotii ac religionis mercede accepta sustulerunt. Quod cum ex oppido exportabatur, quem conventum mulierum factum esse arbitramini, quem fletum maiorum natu? quorum nonnulli etiam illum diem memoria tenebant, cum illa eadem Diana Segestam Carthagine revecta victoriam populi Romani reditu suo nuntiasset. Quam dissimilis hic dies illi tempori videbatur! Tum imperator populi Romani, vir clarissimus, deos patrios reportabat Segestanis ex urbe hostium recuperatos, nunc ex urbe sociorum praetor eiusdem populi turpissimus atque impurissimus eosdem illos deos nefario scelere auferebat. Quid hoc tota Sicilia est clarius, quam omnes Segestae matronas et virgines convenisse, cum Diana exportaretur ex oppido, unxisse unguentis, complesse coronis et floribus, ture, odoribus incensis usque ad agri fines prosecutas esse? 78. Hanc tu tantam religionem si tum in imperio propter cupiditatem atque audaciam non pertimescebas, ne nunc quidem in tanto tuo liberorumque tuorum periculo perhorrescis? Quem tibi aut hominem invitis dis immortalibus aut vero deum tantis eorum religionibus violatis auxilio futurum putas? Tibi illa Diana in pace atque in otio religionem nullam attulit? quae cum duas urbes, in quibus locata fuerat, captas incensasque vidisset, bis ex duorum bellorum flamma ferroque servata est; quae Carthaginensium victoria loco mutato religionem tamen non amisit, P. Africani virtute religionem simul cum loco recuperavit. Quo quidem scelere suscepto cum inanis esset basis et in ea P. Africani nomen incisum, res indigna atque intoleranda videbatur omnibus, non solum religiones esse violatas, verum etiam P. Africani, viri fortissimi, rerum gestarum gloriam, memoriam virtutis, monumenta victoriae C. Verrem sustulisse.

79. Quod cum isti renuntiaretur de basi ac litteris, existimavit homines in oblivionem totius negotii esse venturos, si etiam basim tamquam indicem sui sceleris sustulisset. Itaque tollendam istius imperio locaverunt; quae vobis locatio ex publicis litteris Segestanorum priore actione recitata est. Te nunc, P. Scipio, te, inquam, lectissimum ornatissimumque adulescentem appello, abs te officium tuum debitum generi et nomini requiro et flagito. Cur pro isto, qui laudem honoremque familiae vestrae depeculatus est, pugnas, cur eum defensum esse vis, cur ego tuas partes suscipio, cur tuum munus sustineo, cur M. Tullius P. Africani monumenta requirit, P. Scipio eum, qui illa sustulit, defendit? Cum mos a maioribus traditus sit, ut monumenta maiorum ita suorum quisque defendat, ut ea ne ornari quidem nomine aliorum sinat, tu isti aderis, qui non obstruxit aliqua ex parte monumento P. Scipionis, sed id funditus delevit ac sustulit? 80. Quisnam igitur, per deos immortales, tuebitur P. Scipionis memoriam mortui, quis monumenta atque indicia virtutis, si tu ea relinquis ac deseris nec solum spoliata illa pateris, sed eorum etiam spoliatorem vexatoremque defendis? Adsunt Segestani, clientes tui, socii populi Romani atque amici, certiorem te faciunt P. Africanum Carthagine deleta simulacrum Dianae maioribus suis restituisse, idque apud Segestanos eius imperatoris nomine positum ac dedicatum fuisse; hoc Verrem demoliendum et asportandum nomenque omnino P. Scipionis delendum tollendumque curasse; orant te atque obsecrant, ut sibi religionem, generi tuo laudem gloriamque restituas, ut, quod per P. Africanum ex urbe hostium recuperarint, id per te ex praedonis domo conservare possint. Quid aut tu his respondere honeste potes aut illi facere, nisi ut te ac fidem tuam

implorent? Adsunt et implorant. Potes domesticae laudis amplitudinem, Scipio, tueri, potes; omnia sunt in te, quae aut fortuna hominibus aut natura largitur; non praecerpo fructum officii tui, non alienam mihi laudem adpeto, non est pudoris mei P. Scipione, florentissimo adulescente, vivo et incolumi me propugnatorem monumentorum P. Scipionis defensoremque profiteri. 81. Quam ob rem si suscipis domesticae laudis patrocinium, me non solum silere de vestris monumentis oportebit, sed etiam laetari P. Africani eiusmodi fortunam esse mortui, ut eius honos ab iis, qui ex eadem familia sint, defendatur neque ullum adventicium auxilium requiratur. Sin istius amicitia te impedit, si hoc, quod ego abs te postulo, minus ad officium tuum pertinere arbitrabere, succedam ego vicarius tuo muneri, suscipiam partes, quas alienas esse arbitrabar. Deinde ista praeclara nobilitas desinat queri populum Romanum hominibus novis industriis libenter honores mandare semperque mandasse. Non est querendum in hac civitate, quae propter virtutem omnibus nationibus imperat, virtutem plurimum posse. Sit apud alios imago P. Africani, ornentur alii mortui virtute ac nomine; talis ille vir fuit, ita de populo Romano meritus est, ut non uni familiae, sed universae civitati commendatus esse debeat. Est aliqua mea pars virilis, quod eius civitatis sum, quam ille amplam, illustrem claramque reddidit, praecipue quod in his rebus pro mea parte versor, quarum ille princeps fuit, aequitate, industria, temperantia, defensione miserorum, odio improborum; quae cognatio studiorum et artium prope modum non minus est coniuncta quam ista, qua vos delectamini, generis et nominis. 82. Repeto abs te, Verres, monumentum P. Africani; causam Siculorum, quam suscepi, relinquo, iudicium de pecuniis repetundis ne sit hoc tempore, Segestanorum iniuriae neglegantur; basis P. Scipionis restituatur, nomen invicti imperatoris incidatur, signum pulcherrimum Carthagine captum reponatur. Haec abs te non Siculorum defensor, non tuus accusator, non Segestani postulant, sed is, qui laudem gloriamque P. Africani tuendam conservandamque suscepit. Non vereor, ne hoc officium meum P. Servilio iudici non probem, qui cum res maximas gesserit monumentaque suarum rerum gestarum cum maxime constituat atque in iis elaboret, profecto volet haec non solum suis posteris, verum etiam omnibus viris fortibus et bonis civibus defendenda, non spolianda improbis tradere. Non vereor, ne tibi, Q. Catule, displiceat, cuius amplissimum orbi terrarum clarissimumque monumentum est, quam plurimos esse custodes monumentorum et putare omnes bonos alienae gloriae defensionem ad officium suum pertinere. 83. Equidem ceteris istius furtis atque flagitiis ita moveor, ut ea reprehendenda tantum putem: hic vero tanto dolore adficior, ut nihil mihi indignius, nihil minus ferendum esse videatur. Verres Africani monumentis domum suam plenam stupri, plenam flagitii, plenam dedecoris ornabit? Verres temperantissimi sanctissimique viri monumentum, Dianae simulacrum virginis, in ea domo collocabit, in qua semper meretricum lenonumque flagitia versantur?

7. Raub der Herculesstatue von Agrigent (§ 94f.)

94. Herculis templum est apud Agrigentinos non longe a foro, sane sanctum apud illos et religiosum. Ibi est ex aere simulacrum ipsius Herculis, quo non facile dixerim quicquam me vidisse pulchrius – tametsi non tam multum in istis rebus intellego, quam

multa vidi — usque eo, iudices, ut rictum eius ac mentum paulo sit attritius, quod in precibus et gratulationibus non solum id venerari, verum etiam osculari solent. Ad hoc templum, cum esset iste Agrigenti, duce Timarchide repente nocte intempesta servorum armatorum fit concursus atque impetus. Clamor a vigilibus fanique custodibus tollitur. Qui primo cum obsistere ac defendere conarentur, male mulcati clavis ac fustibus repelluntur. Postea convulsis repagulis effractisque valvis demoliri signum ac vectibus labefactare conantur. Interea ex clamore fama tota urbe percrebruit expugnari deos patrios non hostium adventu necopinato neque repentino praedonum impetu, sed ex domo atque ex cohorte praetoria manum fugitivorum instructam armatamque venisse. 95. Nemo Agrigenti neque aetate tam affecta neque viribus tam infirmis fuit, qui non illa nocte eo nuntio excitatus surrexerit telumque, quod cuique fors offerebat, arripuerit. Itaque brevi tempore ad fanum ex urbe tota concurritur. Horam amplius iam in demoliendo signo permulti homines moliebantur. Illud interea nulla lababat ex parte, cum alii vectibus subiectis conarentur commovere, alii deligatum omnibus membris rapere ad se funibus: ac repente Agrigentini concurrunt. Fit magna lapidatio, dant sese in fugam istius praeclari imperatoris nocturni milites. Duo tamen sigilla perparvula tollunt, ne omnino inanes ad istum praedonem religionum revertantur. Numquam tam male est Siculis, quin aliquid facete et commode dicant, velut in hac re aiebant in labores Herculis non minus hunc immanissimum verrem quam aprum Erymanthium referri oportere.

8. Raub der Ceresstatue von Henna (§ 105—115)

105. Nimium mihi diu videor in uno genere versari criminum, sentio, iudices, occurrendum esse satietati aurium animorumque vestrorum. Quamobrem multa praetermittam; ad ea autem, quae dicturus sum, reficite vos, quaeso, iudices, per deos inmortalis, eos ipsos, de quorum religione iam diu dicimus, dum id eius facinus commemoro et profero, quo provincia tota commota est. De quo si paulo altius ordiri ac repetere memoriam religionis videbor, ignoscite. Rei magnitudo me breviter perstringere atrocitatem criminis non sinit. 106. Vetus est haec opinio, iudices, quae constat ex antiquissimis Graecorum litteris ac monumentis, insulam Siciliam totam esse Cereri et Liberae consecratam. Hoc cum ceterae gentes sic arbitrantur, tum ipsis Siculis ita persuasum est, ut in animis eorum insitum atque innatum esse videatur. Nam et natas esse has in iis locis deas et fruges in ea terra primum repertas esse arbitrantur et raptam esse Liberam, quam eandem Proserpinam vocant, ex Hennensium nemore, qui locus, quod in media est insula situs, umbilicus Siciliae nominatur. Quam cum investigare et conquirere Ceres vellet, dicitur inflammasse taedas iis ignibus, qui ex Aetnae vertice erumpunt. Quas sibi cum ipsa praeferret, orbem omnem peragrasse terrarum. 107. Henna autem, ubi ea, quae dico, gesta esse memorantur, est loco perexcelso atque edito, quo in summo est aequata agri planities et aquae perennes, tota vero ab omni aditu circumcisa atque directa est. Quam circa lacus lucique sunt plurimi atque laetissimi flores omni tempore anni, locus ut ipse raptum illum virginis, quem iam a pueris accepimus, declarare videatur. Etenim prope est spelunca quaedam con-

versa ad aquilonem infinita altitudine, qua Ditem patrem ferunt repente cum curru exstitisse abreptamque ex eo loco virginem secum asportasse et subito non longe a Syracusis penetrasse sub terras lacumque in eo loco repente exstitisse, ubi usque ad hoc tempus Syracusani festos dies anniversarios agunt celeberrimo virorum mulierumque conventu. Propter huius opinionis vetustatem, quod horum in his locis vestigia ac prope incunabula reperiuntur deorum, mira quaedam tota Sicilia privatim ac publice religio est Cereris Hennensis. Etenim multa saepe prodigia vim eius numenque declarant, multis saepe in difficillimis rebus praesens auxilium eius oblatum est, ut haec insula ab ea non solum diligi, sed etiam incoli custodirique videatur. 108. Nec solum Siculi, verum etiam ceterae gentes nationesque Hennensem Cererem maxime colunt. Etenim si Atheniensium sacra summa cupiditate expetuntur, ad quos Ceres in illo errore venisse dicitur frugesque attulisse, quantam esse religionem convenit eorum, apud quos eam natam esse et fruges invenisse constat? Itaque apud patres nostros atroci ac difficili rei publicae tempore, cum Ti. Graccho occiso magnorum periculorum metus ex ostentis portenderetur, P. Mucio L. Calpurnio consulibus aditum est ad libros Sibyllinos. Ex quibus inventum est Cererem antiquissimam placari oportere. Tum ex amplissimo collegio decemvirali sacerdotes populi Romani, cum esset in urbe nostra Cereris pulcherrimum et magnificentissimum templum, tamen usque Hennam profecti sunt. Tanta erat enim auctoritas et vetustas illius religionis, ut, cum illuc irent, non ad aedem Cereris, sed ad ipsam Cererem proficisci viderentur. 109. Non obtundam diutius aures vestras. Etenim iam dudum vereor, ne oratio mea aliena ab iudiciorum ratione et a cotidiana dicendi consuetudine esse videatur. Hoc dico, hanc ipsam Cererem antiquissimam, religiosissimam, principem omnium sacrorum, quae apud omnes gentes nationesque fiunt, a C. Verre ex suis templis ac sedibus esse sublatam. Qui accessistis Hennam, vidistis simulacrum Cereris e marmore et in altero templo Liberae. Sunt ea perampla atque praeclara, sed non ita antiqua. Ex aere fuit quoddam modica amplitudine ac singulari opere cum facibus perantiquum, omnium illorum, quae sunt in eo fano, multo antiquissimum. Id sustulit, ac tamen eo contentus non fuit. 110. Ante aedem Cereris in aperto ac propatulo loco signa duo sunt, Cereris unum, alterum Triptolemi, pulcherrima ac perampla. His pulchritudo periculo, amplitudo saluti fuit, quod eorum demolitio atque asportatio perdifficilis videbatur. Insistebat in manu Cereris dextra grande simulacrum pulcherrime factum Victoriae. Hoc iste e signo Cereris avellendum asportandumque curavit. Qui tandem istius animus est nunc in recordatione scelerum suorum, cum ego ipse in commemoratione eorum non solum animo commovear, verum etiam corpore perhorrescam? Venit enim mihi fani, loci, religionis illius in mentem; versantur ante oculos omnia, dies ille, quo, cum ego Hennam venissem, praesto mihi sacerdotes Cereris cum infulis ac verbenis fuerunt, contio conventusque civium, in quo ego cum loquerer, tanti fletus gemitusque fiebant, ut acerbissimus tota urbe luctus versari videretur. 111. Non illi decumarum imperia, non bonorum direptiones, non iniqua iudicia, non importunas istius libidines, non vim, non contumelias, quibus vexati oppressique erant, conquerebantur: Cereris numen, sacrorum vetustatem, fani religionem istius sceleratissimi atque audacissimi supplicio expiari volebant; omnia se cetera pati ac neglegere dicebant. Hic dolor erat tantus, ut alter Orcus venisse Hennam et non Proserpinam asportasse, sed ipsam abripuisse Cererem videretur. Etenim urbs illa non urbs videtur, sed fanum Cereris esse. Habitare apud sese Cererem Hennenses arbitrantur, ut mihi non cives illius civitatis, sed omnes sacerdotes, omnes accolae atque antistites Cereris esse videantur. 112. Henna tu simulacrum Cereris tollere audebas, Henna tu de manu Cereris Victoriam eripere et deam deae detrahere conatus es? quorum nihil violare, nihil attingere ausi sunt, in quibus erant omnia, quae sceleri propiora sunt quam religioni. Tenuerunt enim P. Popilio P. Rupilio consulibus illum locum servi, fugitivi, barbari, hostes. Sed neque tam servi illi dominorum quam tu libidinum, neque tam fugitivi illi ab dominis quam tu ab iure et ab legibus, neque tam barbari lingua et natione illi quam tu natura et moribus, neque tam illi hostes hominibus quam tu dis immortalibus. Quae deprecatio est igitur ei reliqua, qui indignitate servos, temeritate fugitivos, scelere barbaros, crudelitate hostes vicerit? 113. Audistis Theodorum et Numenium et Nicasionem, legatos Hennenses, publice dicere sese a suis civibus haec habere mandata, ut ad Verrem adirent et eum simulacrum Cereris et Victoriae reposcerent; id si inpetrassent, tum ut morem veterem Hennensium conservarent, publice in eum, tametsi vexasset Siciliam, tamen, quoniam haec a maioribus instituta accepissent, testimonium ne quod dicerent; sin autem ea non reddidisset, tum ut in iudicio adessent, tum ut de eius iniuriis iudices docerent, sed maxime de religione quererentur. Quas illorum querimonias nolite, per deos immortales, aspernari, nolite contemnere ac neglegere, iudices. Aguntur iniuriae sociorum, agitur vis legum, agitur existimatio veritasque iudiciorum. Quae sunt omnia permagna, verum illud maximum: tanta religione obstricta tota provincia est, tanta superstitio ex istius facto mentes omnium Siculorum occupavit, ut, quaecumque accidant publice privatimque incommoda, propter eam causam sceleris istius evenire videantur. 114. Audistis Centuripinos, Agyrinenses, Catinenses, Aetnenses, Herbitenses compluresque alios publice dicere, quae solitudo esset in agris, quae vastitas, quae fuga aratorum, quam deserta, quam inculta, quam relicta omnia. Ea tametsi multis istius et variis iniuriis acciderunt, tamen haec una causa in opinione Siculorum plurimum valet, quod Cerere violata omnis cultus fructusque Cereris in iis locis interisse arbitrantur. Medemini religioni sociorum, iudices, conservate vestram. Neque enim haec externa vobis est religio neque aliena. Quodsi esset, si suscipere eam nolletis, tamen in eo, qui violasset, sancire vos velle oporteret. 115. Nunc vero in communi omnium gentium religione inque iis sacris, quae maiores nostri ab exteris nationibus adscita atque arcessita coluerunt, quae sacra, ut erant re vera, sic appellari Graeca voluerunt, neglegentes ac dissoluti si cupiamus esse, qui possumus? . . .

9. Beraubung des Minervatempels in Syrakus (§ 122—127)

122. Aedis Minervae est in Insula, de qua ante dixi; quam Marcellus non attigit, quam plenam atque ornatam reliquit. Quae ab isto sic spoliata atque direpta est, non ut ab hoste aliquo, qui tamen in bello religionem et consuetudinis iura retineret, sed ut a barbaris praedonibus vexata esse videatur. Pugna erat equestris Agathocli regis in tabulis picta praeclare; iis autem tabulis interiores templi parietes vestieban-

tur. Nihil erat ea pictura nobilius, nihil Syracusis, quod magis visendum putaretur. Has tabulas M. Marcellus, cum omnia victoria illa sua profana fecisset, tamen religione inpeditus non attigit. Iste, cum illa iam propter diuturnam pacem fidelitatemque populi Syracusani sacra religiosaque accepisset, omnis eas tabulas abstulit, parietes, quorum ornatus tot saecula manserant, tot bella effugerant, nudos ac deformatos reliquit. 123. Et Marcellus, qui si Syracusas cepisset, duo templa se Romae dedicaturum voverat, is id, quod erat aedificaturus, iis rebus ornari, quas ceperat, noluit; Verres, qui non Honori neque Virtuti quemadmodum ille, sed Veneri et Cupidini vota deberet, is Minervae templum spoliare conatus est. Ille deos deorum spoliis ornari noluit, hic ornamenta Minervae virginis in meretriciam domum transtulit. Viginti et septem praeterea tabulas pulcherrime pictas ex eadem aede sustulit, in quibus erant imagines Siciliae regum ac tyrannorum, quae non solum pictorum artificio delectabant, sed etiam commemoratione hominum et cognitione formarum. Ac videte, quanto taetrior hic tyrannus Syracusanis fuerit quam quisquam superiorum: cum illi tamen ornarint templa deorum immortalium, hic etiam illorum monumenta atque ornamenta sustulerit. 124. Iam vero quid ego de valvis illius templi commemorem? Vereor, ne, haec qui non viderunt, omnia me nimis augere atque ornare arbitrentur. Quod tamen nemo suspicari debet, tam esse me cupidum, ut tot viros primarios velim, praesertim ex iudicum numero, qui Syracusis fuerint, qui haec viderint, esse temeritati et mendacio meo conscios. Confirmare hoc liquido, iudices, possum, valvas magnificentiores, ex auro atque ebore perfectiores, nullas umquam ullo in templo fuisse. Incredibile dictu est, quam multi Graeci de harum valvarum pulchritudine scriptum reliquerint. Nimium forsitan haec illi mirentur atque efferant, esto. Verum tamen honestius est rei publicae nostrae, iudices, ea, quae illis pulchra esse videantur, imperatorem nostrum in bello reliquisse quam praetorem in pace abstulisse. Ex ebore diligentissime perfecta argumenta erant in valvis: ea detrahenda curavit omnia. Gorgonis os pulcherrimum cinctum anguibus revellit atque abstulit, et tamen indicavit se non solum artificio, sed etiam pretio quaestuque duci. Nam bullas aureas omnes ex iis valvis, quae erant et multae et graves, non dubitavit auferre. Quarum iste non opere delectabatur, sed pondere. Itaque eiusmodi valvas reliquit, ut, quae olim ad ornandum templum erant maxime, nunc tantum ad claudendum factae esse videantur. 125. Etiamne gramineas hastas — vidi enim vos in hoc nomine, cum testis diceret, commoveri, quod erat eiusmodi, ut semel vidisse satis esset —, in quibus neque manu factum quicquam neque pulchritudo erat ulla, sed tantum magnitudo incredibilis, de qua vel audire satis esset, nimium videre plus quam semel — etiam id concupisti. Nam Sappho, quae sublata de prytanio est, dat tibi iustam excusationem, prope ut concedendum atque ignoscendum esse videatur. 126. Silanionis opus tam perfectum, tam elegans, tam elaboratum quisquam non modo privatus, sed populus potius haberet quam homo elegantissimus atque eruditissimus, Verres? Nimirum contra dici nihil potest. Nostrum enim unusquisque, qui tam beati, quam iste est, non sumus, tam delicati esse non possumus, si quando aliquid istiusmodi videre volet, eat ad aedem Felicitatis, ad monumentum Catuli, in porticum Metelli, det operam, ut admittatur in alicuius istorum Tusculanum, spectet forum ornatum, si quid iste suorum aedilibus commodarit; Verres haec habeat domi. Verres ornamentis fanorum atque oppidorum habeat plenam domum, villas refertas. Etiamne huius operarii studia ac delicias, iudices, perferetis? qui ita natus, ita educatus est, ita factus et animo et corpore, ut multo appositior ad ferenda quam ad auferenda signa esse videatur. 127. Atque haec Sappho sublata quantum desiderium sui reliquerit, dici vix potest. Nam cum ipsa fuit egregie facta, tum epigramma Graecum pernobile incisum est in basi, quod iste eruditus homo et Graeculus, qui haec subtiliter iudicat, qui solus intellegit, si unam litteram Graecam scisset, certe una sustulisset. Nunc enim, quod scriptum est inani in basi, declarat, quid fuerit, et id ablatum indicat.

10. Beraubung des Jupitertempels in Syrakus (§ 127—131)

Quid? signum Paeanis ex aede Aesculapi praeclare factum, sacrum ac religiosum, non sustulisti? quod omnes propter pulchritudinem visere, propter religionem colere solebant. 128. Quid? ex aede Liberi simulacrum Aristaei non tuo imperio palam ablatum est? Quid? ex aede Iovis religiosissimum simulacrum Iovis Imperatoris, quem Graeci Urion nominant, pulcherrime factum nonne abstulisti? Quid? ex aede Liberae aprinum caput illud pulcherrimum, quod visere solebamus, num dubitasti tollere? Atque ille Paean sacrificiis anniversariis simul cum Aesculapio apud illos colebatur; Aristaeus, qui, ut Graeci ferunt, Liberi filius, inventor olei esse dicitur, una cum Libero patre apud illos eodem erat in templo consecratus. 129. Iovem autem Imperatorem quanto honore in suo templo fuisse arbitramini? conicere potestis, si recordari volueritis, quanta religione fuerit eadem specie atque forma signum illud, quod ex Macedonia captum in Capitolio posuerat T. Flamininus. Etenim tria ferebantur in orbe terrarum signa Iovis Imperatoris uno in genere pulcherrime facta, unum illud Macedonicum, quod in Capitolio vidimus, alterum in Ponti ore et angustiis, tertium, quod Syracusis ante Verrem praetorem fuit. Illud Flamininus ita ex aede sua sustulit, ut in Capitolio, hoc est in terrestri domicilio Iovis, poneret. 130. Quod autem est ad introitum Ponti, id, cum tam multa ex illo mari bella emerserint, tam multa porro in Pontum invecta sint, usque ad hanc diem integrum inviolatumque servatum est. Hoc tertium, quod erat Syracusis, quod M. Marcellus armatus et victor viderat, quod religioni concesserat, quod cives atque incolae colere, advenae non solum visere, verum etiam venerari solebant, id C. Verres ex templo Iovis sustulit. 131. Ut saepius ad Marcellum revertar, iudices, sic habetote, pluris esse a Syracusanis istius adventu deos quam victoria Marcelli homines desideratos. Etenim ille requisisse etiam dicitur Archimedem illum, summo ingenio hominem ac disciplina; quem cum audisset interfectum, permoleste tulisse: iste omnia, quae requisivit, non ut conservaret, verum ut asportaret, requisivit.

Zusammenfassung (§ 131—135)

Iam illa, quae leviora videbuntur, ideo praeteribo, quod mensas Delphicas e marmore, crateras ex aere pulcherrimas, vim maximam vasorum Corinthiorum ex omnibus aedibus sacris abstulit Syracusis. 132. Itaque, iudices, ii, qui hospites ad ea, quae visenda sunt, solent ducere et unumquidque ostendere, quos illi mystagogos vocant, conversam iam habent demonstrationem suam. Nam ut ante demonstrabant, quid ubique esset, item nunc, quid undique ablatum sit, ostendunt.

Quid tum? mediocrine tandem dolore eos affectos esse arbitramini? Non ita est, iudices, primum, quod omnes religione moventur et deos patrios, quos a maioribus acceperunt, colendos sibi diligenter et retinendos esse arbitrantur; deinde hic ornatus, haec opera atque artificia, signa, tabulae pictae Graecos homines nimio opere delectant. Itaque ex illorum querimoniis intellegere possumus, haec illis acerbissima videri, quae forsitan nobis levia et contemnenda esse videantur. Mihi credite, iudices, — tametsi vosmet ipsos haec eadem audire certo scio — cum multas acceperint per hosce annos socii atque exterae nationes calamitates et iniurias, nullas Graeci homines gravius ferunt ac tulerunt quam huiuscemodi spoliationes fanorum atque oppidorum. 133. Licet iste dicat emisse se, sicuti solet dicere, credite hoc mihi, iudices: nulla umquam civitas tota Asia et Graecia signum ullum, tabulam pictam ullam, ullum denique ornamentum urbis sua voluntate cuiquam vendidit; nisi forte existimatis, posteaquam iudicia severa Romae fieri desierunt, Graecos homines haec venditare coepisse, quae tum non modo non venditabant, cum iudicia fiebant, verum etiam coëmebant; aut nisi arbitramini L. Crasso, Q. Scaevolae, C. Claudio, potentissimis hominibus, quorum aedilitates ornatissimas vidimus, commercium istarum rerum cum Graecis hominibus non fuisse, iis, qui post iudiciorum dissolutionem aediles facti sunt, fuisse. 134. Acerbiorem etiam scitote esse civitatibus falsam istam et simulatam emptionem, quam si qui clam subripiat aut eripiat palam atque auferat. Nam turpitudinem summam esse arbitrantur referri in tabulas publicas pretio adductam civitatem, et pretio parvo, ea, quae accepisset a maioribus, vendidisse atque abalienasse. Etenim mirandum in modum Graeci rebus istis, quas nos contemnimus, delectantur. Itaque maiores nostri facile patiebantur haec esse apud illos quam plurima, apud socios, ut imperio nostro quam ornatissimi florentissimique essent; apud eos autem, quos vectigalis aut stipendiarios fecerant, tamen haec relinquebant, ut illi, quibus haec iucunda sunt, quae nobis levia videntur, haberent haec oblectamenta et solacia servitutis. 135. Quid arbitramini Rheginos, qui iam cives Romani sunt, merere velle, ut ab his marmorea Venus illa auferatur? quid Tarentinos, ut Europam in tauro sedentem amittant, ut Satyrum, qui apud illos in aede Vestae est, ut cetera? quid Thespienses, ut Cupidinis signum, quid Cnidios, ut Venerem marmoream, quid, ut pictam, Coos, quid Ephesios, ut Alexandrum, quid Cyzicenos, ut Aiacem aut Medeam, quid Rhodios, ut Ialysum, quid Athenienses, ut ex marmore Iacchum aut Paralum pictum aut ex aere Myronis buculam? Longum est et non necessarium commemorare, quae apud quosque visenda sint tota Asia et Graecia. Verum illud est, quamobrem haec commemorem, quod existimare hoc vos volo, mirum quendam dolorem accipere eos, ex quorum urbibus haec auferantur.

Fünftes Buch

Missbrauch der richterlichen Gewalt

(Verr. II 5,60—62; 86—121; 139—142; 158—170; 184—189)

1. Hinrichtung der Flottenkommandanten

(§ 60—62; 86—121)

60. . . . Cognoscite nunc novam praedandi rationem ab hoc primum excogitatam. Sumptum omnem in classem frumento, stipendio ceterisque rebus suo quaeque

nauarcho civitas semper dare solebat. Is neque ut accusaretur a nautis, committere audebat et civibus suis rationes referre debebat, et in illo omni negotio non modo labore, sed etiam periculo suo versabatur. Erat hoc, ut dico, factitatum semper, nec solum in Sicilia, sed in omnibus provinciis, etiam in sociorum et Latinorum stipendio ac sumptu, tum cum illorum auxiliis uti solebamus: Verres post imperium constitutum primus imperavit, ut ea pecunia omnis a civitatibus sibi adnumeraretur, ut is eam pecuniam tractaret, quem ipse praefecisset. 61. Cui potest esse dubium, quamobrem et omnium consuetudinem veterem primus immutaris et tantam utilitatem per alios tractandae pecuniae neglexeris et tantam difficultatem cum crimine, molestiam cum suspicione susceperis? Deinde alii quaestus instituuntur, ex uno genere navali videte quam multi! accipere a civitatibus pecuniam, ne nautas darent, pretio certo missos facere nautas, missorum omne stipendium lucrari, reliquis, quod deberet, non dare — haec omnia ex civitatum testimoniis cognoscite. Recita. TESTIMONIA CIVITATVM. 62. Huncine hominem, hancine impudentiam, iudices, hanc audaciam! civitatibus pro numero militum pecuniarum summas discribere, certum pretium, sescenos nummos, nautarum missionis constituere! quos qui dederat, commeatum totius aestatis abstulerat, iste, quod eius nautae nomine pro stipendio frumentoque acceperat, lucrabatur. Ita quaestus duplex unius missionis fiebat. Atque haec homo amentissimus in tanto praedonum impetu tantoque periculo provinciae sic palam faciebat, ut et ipsi praedones scirent et tota provincia testis esset.

86. Egreditur in Centuripina quadriremi Cleomenes e portu; sequitur Segestana navis, Tyndaritana, Her-

bitensis, Heracliensis, Apolloniensis, Haluntina, praeclara classis in speciem, sed inops et infirma propter dimissionem propugnatorum atque remigum. Tam diu in imperio suo classem iste praetor diligens vidit, quam diu convivium eius flagitiosissimum praetervecta est; ipse autem, qui visus multis diebus non esset, tum se tamen in conspectum nautis paulisper dedit. Stetit soleatus praetor populi Romani cum pallio purpureo tunicaque talari muliercula nixus in litore. Nam hoc istum vestitu Siculi civesque Romani permulti saepe viderunt. 87. Posteaquam paulum provecta classis est et Pachynum quinto die denique adpulsa, nautae coacti fame radices palmarum agrestium, quarum erat in illis locis sicut in magna parte Siciliae multitudo, colligebant et iis miseri perditique alebantur; Cleomenes autem, qui alterum se Verrem cum luxurie ac nequitia, tum etiam imperio putaret, similiter totos dies in litore tabernaculo posito perpotabat. Ecce autem repente ebrio Cleomene, esurientibus ceteris nuntiatur piratarum esse naves in portu Odysseae; nam ita is locus nominatur; nostra autem classis erat in portu Pachyni. Cleomenes autem, quod erat terrestre praesidium non re, sed nomine, speravit iis militibus, quos ex eo loco deduxisset, explere se numerum nautarum et remigum posse. Reperta est eadem istius hominis avarissimi ratio in praesidiis, quae in classibus; nam erant perpauci reliqui, ceteri dimissi. 88. Princeps Cleomenes in quadriremi Centuripina malum erigi, vela fieri, praecidi ancoras imperavit et simul, ut se ceteri sequerentur, signum dari iussit. Haec Centuripina navis erat incredibili celeritate velis; nam scire isto praetore nemo poterat, quid quaeque navis remis facere posset; etsi in hac quadriremi propter honorem et gratiam Cleomenis minime multi remiges et milites deerant. Evolarat iam e conspectu fere fugiens quadriremis, cum etiam tum ceterae naves uno in loco moliebantur. 89. Erat animus in reliquis; quamquam erant pauci, quoquo modo sese res habebat, pugnare tamen se velle clamabant et quod reliquum vitae viriumque fames fecerat, id ferro potissimum reddere volebant. Quodsi Cleomenes non tanto ante fugisset, aliqua tamen ad resistendum ratio fuisset. Erat enim sola illa navis constrata et ita magna, ut propugnaculo ceteris posset esse, quae, si in praedonum pugna versaretur, urbis instar habere inter illos piraticos myoparones videretur; sed tum inopes relicti ab duce praefectoque classis eundem necessario cursum tenere coeperunt. 90. Helorum versus, ut ipse Cleomenes, ita ceteri navigabant, neque ii tam praedonum impetum fugiebant quam imperatorem sequebantur. Tum ut quisque in fuga postremus, ita in periculo princeps erat; postremam enim quamque navem piratae primam adoriebantur. Ita prima Haluntinorum navis capitur, cui praeerat Haluntinus homo nobilis Phylarchus, quem ab illis praedonibus Locrenses postea publice redemerunt; ex quo vos priore actione iurato rem omnem causamque cognostis. Deinde Apolloniensis navis capitur et eius praefectus Anthropinus occiditur. 91. Haec dum aguntur, interea Cleomenes iam ad Helori litus pervenerat. Iam sese in terram e navi eiecerat quadrirememque fluctuantem in salo reliquerat. Reliqui praefecti navium, cum in terram imperator exisset, cum ipsi neque repugnare neque mari effugere ullo modo possent, appulsis ad Helorum navibus Cleomenem persecuti sunt. Tum praedonum dux Heracleo repente praeter spem non sua virtute, sed istius avaritia nequitiaque victor classem pulcherrimam populi Romani in litus expulsam et eiectam, cum primum invesperasceret, inflammari incendique iussit. 92. O tempus miserum atque acerbum provinciae Siciliae! o casum illum multis innocentibus calamitosum atque funestum! o istius nequitiam ac turpitudinem singularem! Una atque eadem nox erat, qua praetor amoris turpissimi flamma, classis populi Romani praedonum incendio conflagrabat. Adfertur nocte intempesta gravis huiusce mali nuntius Syracusas; curritur ad praetorium, quo istum ex illo praeclaro convivio reduxerant paulo ante mulieres cum cantu atque symphonia. Cleomenes, quamquam nox erat, tamen in publico esse non audet; includit se domi; neque aderat uxor, quae consolari hominem in malis posset. 93. Huius autem praeclari imperatoris ita erat severa domi disciplina, ut in re tanta et tam gravi nuntio nemo admitteretur, nemo esset, qui auderet aut dormientem excitare aut interpellare vigilantem. Iam vero re ab omnibus cognita concursabat urbe tota maxima multitudo. Non enim, sicut erat antea semper consuetudo, praedonum adventum significabat ignis e specula sublatus aut tumulo, sed flamma ex ipso incendio navium et calamitatem acceptam et periculum reliquum nuntiabat. Cum praetor quaereretur et constaret neminem ei nuntiasse, fit ad domum eius cum clamore concursus atque impetus. 94. Tum iste excitatus audit rem omnem ex Timarchide, sagum sumit — lucebat iam fere —, procedit in medium vini, somni, stupri plenus. Excipitur ab omnibus eiusmodi clamore, ut ei Lampsaceni periculi similitudo versaretur ante oculos. Hoc etiam maius hoc videbatur, quod in odio simili multitudo hominum haec erat maxima. Tum istius acta commemorabantur, tum flagitiosa illa convivia, tum appellabantur a multitudine mulieres nominatim, tum quaerebant ex isto palam tot dies continuos, per quos numquam visus esset, ubi fuisset, quid egisset, tum imperator ab isto praepositus Cleomenes flagitabatur, neque quicquam propius est factum, quam ut illud Uticense exemplum de Hadriano transferretur Syracusas, ut duo sepulcra duorum praetorum improborum duabus in provinciis constituerentur. Verum habita est a multitudine ratio temporis, habita tumultus, habita etiam dignitatis existimationisque communis, quod is est conventus Syracusis civium Romanorum, ut non modo illa provincia, verum etiam hac re publica dignissimus existimetur. 95. Confirmant ipsi se, cum hic etiam tum semisomnus stuperet, arma capiunt, totum forum atque Insulam, quae est urbis magna pars, complent. Unam illam noctem solam praedones ad Helorum commorati, cum fumantes etiam nostras naves reliquissent, accedere incipiunt ad Syracusas. Qui videlicet saepe audissent nihil esse pulchrius quam Syracusarum moenia ac portus, statuerant se, si ea Verre praetore non vidissent, numquam esse visuros. 96. Ac primo ad illa aestiva praetoris accedunt, ipsam illam ad partem litoris, ubi iste per eos dies tabernaculis positis castra luxuriae conlocarat. Quem posteaquam inanem locum offenderunt et praetorem commosse ex eo loco castra senserunt, statim sine ullo metu in ipsum portum penetrare coeperunt. Cum in portum dico, iudices, — explanandum est enim diligentius eorum causa, qui locum ignorant — in urbem dico atque in urbis intimam partem venisse piratas. Non enim portu illud oppidum clauditur, sed urbe portus ipse cingitur et continetur, ut non adluantur mari moenia extrema, sed ipse influat in urbis sinum portus. 97. Hic te praetore Heracleo pirata cum quattuor myoparonibus parvis ad arbitrium suum navigavit. Pro di immortales! piraticus myoparo, cum imperi populi Romani nomen ac fasces essent Syracusis, usque ad forum Syracusanorum et ad omnis crepidines urbis accessit, quo neque Carthaginiensium gloriosissimae classes, cum mari plurimum poterant, multis bellis saepe conatae, umquam adspirare potuerunt, neque populi Romani invicta ante te praetorem gloria illa navalis umquam tot Punicis Siciliensibusque bellis penetrare potuit. Qui locus eiusmodi est, ut ante Syracusani in moenibus suis, in urbe, in foro hostem armatum ac victorem quam in portu ullam hostium navem viderint. 98. Hic te praetore praedonum naviculae pervagatae sunt, quo Atheniensium classis sola post hominum memoriam trecentis navibus vi ac multitudine invasit. Quae in eo ipso portu loci ipsius portusque natura victa atque superata est. Hic primum opes illius civitatis comminutae depressaeque sunt, in hoc portu Atheniensium nobilitatis, imperii, gloriae naufragium factum existimatur. Eone pirata penetravit, quo simul atque adisset, non modo a latere, sed etiam a tergo magnam partem urbis relinqueret? Insulam totam praetervectus est, quae est urbs Syracusis suo nomine ac moenibus, quo in loco maiores, ut ante dixi, Syracusanum habitare vetuerunt, quod, qui illam partem urbis tenerent, in eorum potestatem portum futurum intellegebant. 99. At quemadmodum est pervagatus! Radices palmarum agrestium, quas in nostris navibus invenerant, iactabant, ut omnes istius improbitatem et calamitatem Siciliae possent cognoscere. Siculosne milites, aratorumne liberos, quorum patres tantum labore suo frumenti exarabant, ut populo Romano totique Italiae suppeditare possent, eosne in insula Cereris natos, ubi primum fruges inventae esse dicuntur, eo cibo esse usos, a quo maiores eorum ceteros quoque frugibus inventis removerunt! Te praetore Siculi milites palmarum stirpibus, praedones Siculo frumento alebantur! 100. O spectaculum miserum atque acerbum! ludibrio esse urbis gloriam, populi Romani nomen, hominum conventum atque multitudinem piratico myoparoni! in portu Syracusano de classe populi Romani triumphum agere piratam, cum praetoris inertissimi nequissimique oculos praedonum remi respergerent!

Posteaquam e portu piratae non metu aliquo affecti, sed satietate exierunt, tum coeperunt quaerere homines causam illius tantae calamitatis. Dicere omnes et palam disputare minime esse mirandum, si remigibus militibusque dimissis, reliquis egestate et fame perditis, praetore tot dies cum mulierculis perpotante tanta ignominia et calamitas esset accepta. 101. Haec autem istius vituperatio atque infamia confirmabatur eorum sermone, qui a suis civitatibus illis navibus praepositi fuerant; qui ex illo numero reliqui Syracusas classe amissa refugerant, dicebant, quot ex sua quisque nave missos sciret esse. Res erat clara, neque solum argumentis, sed etiam certis testibus istius avaritia tenebatur. Homo certior fit agi nihil in foro et conventu toto die nisi hoc, quaeri a nauarchis, quemadmodum classis sit amissa; illos respondere et docere unumquemque, missione remigum, fame reliquorum, Cleomenis timore et fuga. Quod posteaquam iste cognovit, hanc rationem habere coepit: causam sibi dicendam esse statuerat iam ante quam hoc usu venit, ita ut ipsum priore actione dicere audistis. Videbat illis nauarchis testibus tantum hoc crimen sustinere se nullo modo posse. Consilium capit primo stultum, verum tamen clemens. 102. Nauarchos ad se vocari iubet; veniunt. Accusat eos, quod eiusmodi de se sermones habuerint, rogat, ut id facere desistant et in sua quisque dicat navi se tantum habuisse nautarum, quantum oportuerit, neque quemquam esse dimissum. Illi enimvero se ostendunt, quod vellet, esse facturos. Iste non procrastinat, advocat amicos statim; quaerit ex iis singillatim, quot quisque nautas habuerit; respondet unusquisque, ut erat praeceptum. Iste in tabulas refert, obsignat signis amicorum providens homo, ut contra hoc crimen, si quando opus esset, hac videlicet testificatione uteretur. **103. Derisum esse credo hominem amentem a** suis consiliariis et admonitum hasce ei tabulas nihil profuturas, etiam plus ex nimia praetoris diligentia suspicionis in eo crimine futurum. Iam iste erat hac stultitia multis in rebus usus, ut publice quoque, quae vellet, in litteris civitatum et tolli et referri iuberet. Quae omnia nunc intellegit sibi nihil prodesse, posteaquam certis litteris, testibus auctoritatibusque convincitur. Ubi hoc videt, illorum confessionem, testificationem suam, tabellas sibi nullo adiumento futuras, init consilium non improbi praetoris — nam id quidem esset ferendum — sed importuni atque amentis tyranni; statuit, si hoc crimen extenuari vellet — nam omnino tolli posse non arbitrabatur — nauarchos omnis, testis sui sceleris, vita esse privandos. 104. Occurrebat illa ratio: „quid Cleomene fiet? poterone animadvertere in eos, quos dicto audientes esse iussi, missum facere eum, cui potestatem imperiumque permisi? poterone eos afficere supplicio, qui Cleomenem secuti sunt, ignoscere Cleomeni, qui secum fugere et se consequi iussit? poterone esse in eos vehemens, qui naves non modo inanes habuerunt, sed etiam apertas, in eum dissolutus, qui solus habuerit constratam navem et minus exinanitam? Pereat Cleomenes una!“ Ubi fides, ubi execrationes, ubi dexterae complexusque, ubi illud contubernium muliebris militiae in illo delicatissimo litore? Fieri nullo modo poterat, quin Cleomeni parceretur. 105. Vocat Cleomenen, dicit ei se statuisse animum advertere in omnis nauarchos; ita sui periculi rationes ferre ac postulare. „Tibi uni parcam et potius istius culpae crimen vituperationemque inconstantiae suscipiam, quam aut in te sim crudelis aut tot tam gravis testis vivos incolumesque esse patiar.“ Agit gratias Cleomenes, adprobat consilium, dicit ita fieri oportere, admonet tamen illud, quod istum fugerat, in Phalacrum Centuripinum nauarchum non posse animadverti, propterea quod secum una fuisset in Centuripina quadriremi. Quid ergo? iste homo ex eiusmodi civitate, adulescens nobilissimus, testis relinquetur? „In praesentia“, inquit Cleomenes, „quoniam ita necesse est; sed post aliquid videbimus, ne iste nobis obstare possit.“ 106. Haec posteaquam acta et constituta sunt, procedit iste repente e praetorio inflammatus scelere, furore, crudelitate; in forum venit, nauarchos vocari iubet. Qui nihil metuerent, nihil suspicarentur, statim accurrunt. Iste hominibus miseris innocentibus inici catenas imperat. Implorare illi fidem praetoris et, quare id faceret, rogare. Tum iste hoc causae dicit, quod classem praedonibus prodidissent. Fit clamor et admiratio populi tantam esse in homine impudentiam atque audaciam, ut aut aliis causam calamitatis adtribueret, quae omnis propter avaritiam ipsius accidisset, aut cum ipse praedonum socius putaretur, aliis proditionis crimen inferret; deinde hoc quinto decimo die crimen esse natum, postquam classis esset amissa. 107. Cum haec ita fierent, quaerebatur, ubi esset Cleomenes, non quo illum ipsum, cuicuimodi est, quisquam supplicio propter illud incommodum dignum putaret; nam quid Cleomenes facere potuit? — non enim possum quemquam insimulare falso — quid, inquam, magno opere potuit Cleomenes facere istius avaritia navibus exinanitis? Atque eum vident sedere ad latus praetoris et ad aurem familiariter, ut solitus erat, insusurrare. Tum vero omnibus indignissimum visum est homines honestissimos, electos ex suis civitatibus, in ferrum atque in vincla coniectos, Cleomenem propter flagitiorum ac turpitudinum societatem familiarissimum esse praetori. 108. Apponitur iis tamen accusator Naevius Turpio quidam, qui C. Sacerdote praetore iniuriarum damnatus est, homo bene adpositus ad istius audaciam, quem iste in decumis, in rebus capitalibus, in omni calumnia praecursorem habere solebat et emissarium. Veniunt Syracusas parentes propinquique miserorum adulescentium hoc repentino calamitatis suae nuntio commoti; vinctos aspiciunt catenis liberos suos, cum istius avaritiae poenam collo et cervicibus suis sustinerent; adsunt, defendunt, proclamant, fidem tuam, quae nusquam erat neque umquam fuerat, inplorant. Pater aderat Dexo Tyndaritanus, homo nobilissimus, hospes tuus. Cuius tu domi fueras, quem hospitem appellaras, eum cum illa auctoritate miseria videres perditum, non te eius lacrimae, non senectus, non hospitii ius atque nomen a scelere aliquam ad partem humanitatis revocare potuit? 109. Sed quid ego hospiti iura in hac immani belua commemoro? Qui Sthenium Thermitanum, hospitem suum, cuius domum per hospitium exhausit et exinanivit, absentem in reos rettulerit, causa indicta capite damnarit, ab eo nunc hospitiorum iura atque officia quaeramus? cum hominene crudeli nobis res est an cum fera atque immani belua? Te patris lacrimae de innocentis filii periculo non movebant; cum patrem domi reliquisses, filium tecum haberes, te neque praesens filius de liberum caritate neque absens pater de indulgentia patria commonebat? 110. Catenas habebat hospes tuus Aristeus, Dexonis filius. Quid ita? „Prodiderat classem." Quod ob praemium? „Deseruerat exercitum." Quid Cleomenes? „Ignavus fuerat." At eum tu ob virtutem corona ante donaras. „Dimiserat nautas." At ab omnibus tu mercedem missionis acceperas. Alter parens ex altera parte erat Herbitensis Eubulida, homo domi suae clarus et nobilis. Qui quia Cleomenem in defendendo filio laeserat, nudus paene est destitutus. Quid erat autem, quod quisquam diceret aut defenderet? „Cleomenem nominare non licet." At causa cogit. „Moriere, si appellaris"; numquam enim iste cuiquam est mediocriter minatus. At remiges non erant. „Praetorem tu accuses? frange cervices." Si neque praetorem neque praetoris aemulum appellari licebit, cum in his duobus tota causa sit, quid futurum est? 111. Dicit etiam causam Heraclius Segestanus, homo domi suae nobilis, summo loco natus. Audite, ut vestra humanitas postulat, iudices; audietis enim de magnis incommodis iniuriisque sociorum. Hunc scitote fuisse Heraclium in ea causa, qui propter gravem morbum oculorum tum non navigarit et iussu eius, qui potestatem habuit, in commeatu Syracusis remanserit. Is certe neque classem prodidit neque metu perterritus fugit neque exercitum deseruit; etenim tum esset hoc animadvertendum, cum classis Syracusis proficiscebatur Is, tamen in eadem causa fuit, quasi esset in aliquo manifesto scelere deprehensus, in quem ne falsi quidem causa conferri criminis potuit. 112. Fuit in illis nauarchis Heracliensis quidam Furius — nam habent illi nonnulla huiuscemodi Latina nomina — homo, quamdiu vixit, non domi suae solum, post mortem tota Sicilia clarus et nobilis. In quo homine tantum animi fuit, non solum ut istum libere laederet — nam id quidem, quoniam moriendum videbat, sine periculo se facere intellegebat — verum morte proposita, cum lacrimans in carcere mater noctes diesque assideret, defensionem causae suae scripsit. Quam nunc nemo est in Sicilia quin habeat, quin legat, quin tui sceleris et crudelitatis ex illa oratione commonefiat. In qua docet, quot a civitate sua nautas acceperit, quot et quanti quemque dimiserit, quot secum habuerit; item de ceteris navibus dicit; quae cum apud te diceret, virgis oculi verberabantur. Ille morte proposita facile dolorem corporis patiebatur; clamabat, id quod scriptum reliquit, facinus esse indignum plus impudicissimae mulieris savia apud te de Cleomenis salute quam de sua vita lacrimas matris valere. 113. Deinde etiam illud video esse dictum, quod si recte vos populus Romanus cognovit, non falso ille de vobis iam in morte ipsa praedicavit: non posse Verrem testis interficiendo crimina sua extinguere; graviorem apud sapientes iudices se fore ab inferis testem, quam si vivus in iudicium produceretur; tum avaritae solum, si viveret, nunc, cum ita esset necatus, sceleris, audaciae, crudelitatis testem fore. Iam illa praeclara: non testium modo catervas, cum tua res ageretur, sed ab dis manibus innocentium Poenas scelerumque Furias in tuum iudicium esse venturas; sese ideo leviorem suum casum fingere, quod iam ante aciem securium tuarum Sextique, tui carnificis, vultum et manum vidisset, cum in conventu civium Romanorum iussu tuo securi cives Romani ferirentur. 114. Ne multa, iudices: libertate, quam vos sociis dedistis, hac ille in acerbissimo supplicio miserrimae servitutis abusus est. Condemnat omnes de consilii sententia; tamen neque iste in tanta re tot hominum T. Vettium ad se arcessit, quaestorem suum, cuius consilio uteretur, neque P. Cervium, talem virum, legatum, qui quia legatus isto praetore in Sicilia fuit, primus ab isto iudex reiectus est, sed de latronum, hoc est de comitum suorum, sententia condemnat omnis. 115. Hic cuncti Siculi, fidelissimi atque antiquissimi socii, plurimis adfecti beneficiis a maioribus nostris, graviter commoventur et de suis periculis fortunisque omnibus pertimescunt. Indigne ferunt illam clementiam mansuetudinemque nostri imperii in tantam crudelitatem inhumanitatemque esse conversam, condemnari tot homines uno tempore nullo crimine, defensionem suorum furtorum praetorem improbum ex indignissima morte innocentium quaerere. Nihil addi iam videtur, iudices, ad hanc improbitatem, amentiam crudelitatemque posse, et recte nihil videtur. Nam si cum aliorum improbitate certet, longe omnes multumque superabit: 116. sed secum ipse certat, id agit, ut semper superius suum facinus novo scelere vincat. Phalacrum Centuripinum dixeram exceptum esse a Cleomene, quod in eius quadriremi Cleomenes vectus esset; tamen quia pertimuerat adulescens, quod eandem suam causam videbat esse quam illorum, qui innocentes peribant, accedit ad hominem Timarchides; a securi negat esse ei periculum, virgis ne caederetur, monet, ut caveat. Ne multa: ipsum dicere adulescentem audistis se ob hunc metum pecuniam Timarchidi numerasse. 117. Levia sunt haec in hoc reo. Metum virgarum nauarchus nobilissimae civitatis pretio redemit: humanum est. Alius, ne condemnaretur, pecuniam dedit: usitatum est. Non vult populus Romanus obsoletis criminibus accusari Verrem, nova postulat, inaudita desiderat; non de praetore Siciliae, sed de nefario tyranno fieri iudicium arbitratur. Includuntur in carcerem condemnati; supplicium constituitur in illos, sumitur de miseris parentibus nauarchorum; prohibentur adire ad filios, prohibentur liberis suis cibum vestitumque ferre. 118. Patres hi, quos videtis, iacebant in limine, matresque miserae pernoctabant ad ostium carceris ab extremo conspectu liberum exclusae. Quae nihil aliud orabant, nisi ut filiorum suorum postremum spiritum ore excipere liceret. Aderat ianitor carceris, carnifex praetoris, mors terrorque sociorum et civium, lictor Sextius, cui ex omni gemitu doloreque certa merces comparabatur. „Ut adeas, tantum dabis, ut cibum tibi intro ferre liceat, tantum." Nemo recusabat. „Quid? ut uno icto securis afferam mortem filio tuo, quid dabis? ne diu crucietur, ne saepius feriatur, ne cum sensu doloris aliquo spiritus auferatur?" Etiam ob hanc causam pecunia lictori dabatur. 119. O magnum atque intolerandum dolorem! o gravem acerbamque fortunam! Non vitam liberum, sed mortis celeritatem pretio redimere cogebantur parentes. Atque ipsi etiam adulescentes cum Sextio suo de plaga et de uno illo ictu loquebantur, idque postremum parentis suos liberi orabant, ut levandi cruciatus sui causa lictori pecunia daretur. Multi et graves dolores inventi parentibus et propinquis, multi; verum tamen mors sit extremum. Non erit. Estne aliquid ultra, quo crudelitas progredi possit? Reperietur; nam illorum, cum erunt securi percussi ac necati, corpora feris obicientur. Hoc si luctuosum est parentibus, redimant pretio sepeliendi potestatem. 120. Onasum Segestanum, hominem nobilem, dicere audistis se ob sepulturam Heraclii nauarchi pecuniam Timarchidi numerasse. Hoc ne possis dicere: „patres enim veniunt amissis filiis irati“, vir primarius, homo nobilissimus, dicit, neque de filio dicit. Iam hoc quis tum fuit Syracusis, quin audierit, quin sciat has Timarchidi pactiones sepulturae cum vivis etiam illis esse factas? Non palam cum Timarchide loquebantur, non omnes omnium propinqui adhibebantur, non palam vivorum funera locabantur? Quibus omnibus rebus actis atque decisis producuntur e carcere, deligantur. 121. Quis tam fuit illo tempore ferreus, quis tam inhumanus praeter unum te, qui non illorum aetate, nobilitate, miseria commoveretur? ecquis fuit, quin lacrimaret, quin ita calamitatem illam putaret illorum, ut fortunam tamen non alienam, periculum autem commune arbitraretur? Feriuntur securi. Laetaris tu in omnium gemitu et triumphas; testes avaritiae tuae gaudes esse sublatos. Errabas, Verres, et vehementer errabas, cum te maculas furtorum et flagitiorum tuorum sociorum innocentium sanguine eluere arbitrabare. Praeceps amentia ferebare, qui te existimares avaritiae vulnera crudelitatis remediis posse sanare. Etenim quamquam illi sunt mortui sceleris tui testes, tamen eorum propinqui neque tibi neque illis desunt, tamen ex illo ipso numero nauarchorum aliqui vivunt et adsunt, quos, ut mihi videtur, ad illorum innocentium poenas fortuna et ad hanc causam reservavit.

2. Misshandlung römischer Bürger
(§ 139—142; 158—170)

139. Satis est factum Siculis, satis officio ac necessitudini, satis promisso nostro ac recepto. Reliqua est ea causa, iudices, quae iam non recepta, sed innata, neque delata ad me, sed in animo sensuque meo penitus adfixa atque insita est. Quae non ad socio-

rum salutem, sed ad civium Romanorum, hoc est ad uniuscuiusque nostrum, vitam et sanguinem pertinet. In qua nolite a me, quasi dubium sit aliquid, argumenta, iudices, exspectare: omnia, quae dicam, sic erunt illustria, ut ad ea probanda totam Siciliam testem adhibere possim. Furor enim quidam, sceleris et audaciae comes, istius effrenatum animum importunamque naturam tanta oppressit amentia, ut numquam dubitaret in conventu palam supplicia, quae in convictos maleficii servos constituta sunt, ea in civis Romanos expromere. 140. Virgis quam multos ceciderit, quid ego commemorem? Tantum brevissime, iudices, dico: nullum fuit omnino civitatis isto praetore in hoc genere discrimen. Itaque iam consuetudine ad corpora civium Romanorum etiam sine istius nutu ferebatur manus ipsa lictoris. Num potes hoc negare, Verres, in foro Lilybaei maximo conventu C. Servilium, civem Romanum e conventu Panhormitano, veterem negotiatorem, ad tribunal ante pedes tuos ad terram virgis et verberibus abiectum? Aude hoc primum negare, si potes; nemo Lilybaei fuit, quin viderit, nemo in Sicilia, quin audierit. Plagis confectum dico a lictoribus tuis civem Romanum ante oculos tuos concidisse. 141. At quam ob causam, di immortales! tametsi iniuriam facio communi causae et iuri civitatis; quasi enim ulla possit esse causa, cur hoc cuiquam civi Romano iure accidat, ita quaero, quae in Servilio causa fuerit. Ignoscite in hoc uno, iudices; in ceteris enim non magno opere causas requiram. Locutus erat liberius de istius improbitate atque nequitia. Quod isti simulac renuntiatum est, hominem iubet Lilybaeum vadimonium Venerio servo promittere. Promittit; Lilybaeum venitur. Cogere eum coepit, cum ageret nemo, nemo postularet, sponsionem II milium nummum facere cum lictore suo, NI FVRTIS QVAESTVM FACERET. Recuperatores se de cohorte sua dicebat daturum. Servilius et recusare et deprecari, ne iniquis iudicibus nullo adversario iudicium capitis in se constitueretur. 142. Haec cum maxime loqueretur, sex lictores circumsistunt valentissimi et ad pulsandos verberandosque homines exercitatissimi, caedunt acerrime virgis. Denique proximus lictor, de quo saepe iam dixi, Sextius, converso bacillo oculos misero tundere vehementissime coepit. Itaque ille, cum sanguis os oculosque complesset, concidit, cum illi nihilo minus iacenti latera tunderent, ut aliquando spondere se diceret. Sic ille affectus illinc tum pro mortuo sublatus perbrevi postea est mortuus. Iste autem homo Venerius, adfluens omni lepore ac venustate, de bonis illius in aede Veneris argenteum Cupidinem posuit. Sic etiam fortunis hominum abutebatur ad nocturna vota cupiditatum suarum.

158. Nam quid ego de P. Gavio, Consano municipe, dicam, iudices, aut qua vi vocis, qua gravitate verborum, quo dolore animi dicam? Tametsi dolor me non deficit; ut cetera mihi in dicendo digna re, digna dolore meo suppetant, magis laborandum est. Quod crimen eiusmodi est, ut, cum primum ad me delatum est, usurum me illo non putarem. Tametsi enim verissimum esse intellegebam, tamen credibile fore non arbitrabar. Coactus lacrimis omnium civium Romanorum, qui in Sicilia negotiantur, adductus Valentinorum, hominum honestissimorum, omniumque Reginorum testimoniis multorumque equitum Romanorum, qui casu tum Messanae fuerunt, dedi tantum priore actione testium, res ut nemini dubia esse possit. 159. Quid nunc agam? Cum iam tot horas de uno genere ac de istius nefaria crudelitate dicam, cum prope omnem vim verborum eiusmodi, quae scelere istius digna sint, aliis in rebus consumpserim neque hoc providerim, ut varietate criminum vos attentos

tenerem, quemadmodum de tanta re dicam? Opinor, unus modus atque una ratio est: rem in medio ponam. Quae tantum habet ipsa gravitatis, ut neque mea, quae nulla est, neque cuiusquam ad inflammandos vestros animos eloquentia requiratur. 160. Gavius hic, quem dico, Consanus, cum in illo numero civium Romanorum ab isto in vincla coniectus esset et nescio qua ratione clam e lautumiis profugisset Messanamque venisset, qui tam prope iam Italiam et moenia Reginorum, civium Romanorum, videret et ex illo metu mortis ac tenebris quasi luce libertatis et odore aliquo legum recreatus revixisset, loqui Messanae et queri coepit se civem Romanum in vincla coniectum, sibi recta iter esse Romam, Verri se praesto advenienti futurum. Non intellegebat miser nihil interesse, utrum haec Messanae an apud istum in praetorio loqueretur. Nam, ut antea vos docui, hanc sibi iste urbem delegerat, quam haberet adiutricem scelerum, furtorum receptricem, flagitiorum omnium consciam. Itaque ad magistratum Mamertinum statim deducitur Gavius, eoque ipso die casu ad Messanam Verres venit. Res ad eum defertur, esse civem Romanum, qui se Syracusis in lautumiis fuisse quereretur; quem iam ingredientem navem et Verri nimis atrociter minitantem a se retractum esse et adservatum, ut ipse in eum statueret, quod videretur. 161. Agit hominibus gratias et eorum benevolentiam erga se diligentiamque conlaudat. Ipse inflammatus scelere et furore in forum venit. Ardebant oculi, toto ex ore crudelitas eminebat. Exspectabant omnes, quo tandem progressurus aut quidnam acturus esset, cum repente hominem proripi atque in foro medio nudari ac deligari et virgas expediri iubet. Clamabat ille miser se civem esse Romanum, municipem Consanum; meruisse cum L. Raecio, splendidissimo equite Romano, qui Panhormi negotiaretur, ex quo haec Verres scire posset. Tum iste, se comperisse eum speculandi causa in Siciliam a ducibus fugitivorum esse missum; cuius rei neque index neque vestigium aliquod neque suspicio cuiquam esset ulla; deinde iubet undique hominem vehementissime verberari. 162. Caedebatur virgis in medio foro Messanae civis Romanus, iudices, cum interea nullus gemitus, nulla vox alia illius miseri inter dolorem crepitumque plagarum audiebatur nisi haec: *Civis Romanus sum.* Hac se commemoratione civitatis omnia verbera depulsurum cruciatumque a corpore deiecturum arbitrabatur. Is non modo hoc non perfecit, ut virgarum vim deprecaretur, sed cum imploraret saepius usurparetque nomen civitatis, crux, crux, inquam, infelici et aerumnoso, qui numquam istam pestem viderat, comparabatur. 163. O nomen dulce libertatis! o ius eximium nostrae civitatis! o lex Porcia legesque Semproniae! o graviter desiderata et aliquando reddita plebi Romanae tribunicia potestas! Hucine tandem haec omnia reciderunt, ut civis Romanus in provincia populi Romani in oppido foederatorum ab eo, qui beneficio populi Romani fasces et secures haberet, deligatus in foro virgis caederetur? Quid? cum ignes ardentesque laminae ceterique cruciatus admovebantur, si te illius acerba imploratio et vox miserabilis non inhibebat, ne civium quidem Romanorum, qui tum aderant, fletu et gemitu maximo commovebare? In crucem tu agere ausus es quemquam, qui se civem Romanum esse diceret? Nolui tam vehementer agere hoc prima actione, iudices, nolui. Vidistis enim, ut animi multitudinis in istum dolore et odio et communis periculi metu concitarentur. Statui egomet mihi tum modum et orationi meae et C. Numitorio, equiti Romano, primo homini, testi meo; et Glabrionem, id quod sapientissime fecit, facere laetatus sum, ut repente consilium in medio testimonio dimitteret. Etenim verebatur, ne populus Romanus ab isto eas poenas vi repetisse videretur, quas veritus esset, ne iste legibus ac vestro iudicio non esset persoluturus. 164. Nunc, quoniam iam exploratum est omnibus, quo loco causa tua sit, et quid de te futurum sit, sic tecum agam. Gavium istum, quem repentinum speculatorem fuisse dicis, ostendam in lautumias Syracusis a te esse coniectum, neque id solum ex litteris ostendam Syracusanorum, ne possis dicere me, quia sit aliqui in litteris Gavius, hoc fingere et eligere nomen, ut hunc illum esse possim dicere, sed ad arbitrium tuum testis dabo, qui istum ipsum Syracusis abs te in lautumias coniectum esse dicant. Producam etiam Consanos, municipes illius ac necessarios, qui te nunc sero doceant, iudices non sero, illum P. Gavium, quem tu in crucem egisti, civem Romanum et municipem Consanum, non speculatorem fugitivorum fuisse. 165. Cum haec omnia, quae polliceor, cumulate tuis proximis plana fecero, tum istuc ipsum tenebo, quod abs te mihi datur; eo contentum me esse dicam. Quid enim nuper tu ipse, cum populi Romani clamore atque impetu perturbatus exsiluisti, quid, inquam, elocutus es? Illum, quod moram supplicio quaereret, ideo clamitasse se esse civem Romanum, sed speculatorem fuisse. Iam mei testes veri sunt. Quid enim dicit aliud C. Numitorius, quid M. et P. Cottii, nobilissimi homines ex agro Tauromenitano, quid Q. Lucceius, qui argentariam Regi maximam fecit, quid ceteri? Adhuc enim testes ex eo genere a me sunt dati, non qui novisse Gavium, sed se vidisse dicerent, cum is, qui se civem Romanum esse clamaret, in crucem ageretur. Hoc tu, Verres, idem dicis, hoc tu confiteris, illum clamitasse se civem esse Romanum; apud te nomen civitatis ne tantum quidem valuisse, ut dubitationem aliquam, ut crudelissimi taeterrimique supplicii aliquam parvam moram saltem posset afferre. 166. Hoc teneo, hic haereo, iudices, hoc sum contentus uno, omitto ac neglego cetera: sua confessione induatur ac iuguletur necesse est. Qui esset, ignorabas, speculatorem esse suspicabare; non quaero, qua suspicione, tua te accuso oratione: civem Romanum se esse dicebat. Si tu apud Persas aut in extrema India deprehensus, Verres, ad supplicium ducerere, quid aliud clamitares nisi te civem esse Romanum? et si tibi ignoto apud ignotos, apud barbaros, apud homines in extremis atque ultimis gentibus positos nobile et illustre apud omnes nomen civitatis tuae profuisset, ille, quisquis erat, quem tu in crucem rapiebas, qui tibi esset ignotus, cum civem se Romanum esse diceret, apud te praetorem si non effugium, ne moram quidem mortis mentione atque usurpatione civitatis assequi potuit? 167. Homines tenues, obscuro loco nati, navigant, adeunt ad ea loca, quae numquam ante viderunt, ubi neque noti esse iis, quo venerunt, neque semper cum cognitoribus esse possunt. Hac una tamen fiducia civitatis non modo apud nostros magistratus, qui et legum et existimationis periculo continentur, neque apud cives solum Romanos, qui et sermonis et iuris et multarum rerum societate iuncti sunt, fore se tutos arbitrantur, sed, quocumque venerint, hanc sibi rem praesidio sperant futuram. 168. Tolle hanc spem, tolle hoc praesidium civibus Romanis, constitue nihil esse opis in hac voce: CIVIS ROMANVS SVM, posse impune praetorem aut alium quempiam supplicium, quod velit, in eum constituere, qui se civem Romanum esse dicat, quod eum qui sit ignoret: iam omnes provincias, iam omnia regna, iam omnes liberas civitates, iam omnem orbem terrarum, qui semper nostris hominibus maxime patuit, civibus Romanis ista defensione praecluseris. Quid? si L. Raecium, equitem Romanum, qui tum erat in Sicilia, nominabat, etiamne id magnum fuit, Panhornum litteras mittere? asservasses hominem custodiis Mamertinorum tuorum, vinctum clausum habuisses, dum Panhormo Raecius veniret; cognosceret hominem, aliquid de summo supplicio remitteres; si ignoraret, tum, si ita tibi videretur, hoc iuris in omnes constitueres, ut, qui neque tibi notus esset neque cognitorem locupletem daret, quamvis civis Romanus esset, in crucem tolleretur.

169. Sed quid ego plura de Gavio? quasi tu Gavio tum fueris infestus ac non nomini, generi, iuri civium hostis. Non illi, inquam, homini, sed causae communi libertatis inimicus fuisti. Quid enim attinuit, cum Mamertini more atque instituto suo crucem fixissent post urbem in via Pompeia, te iubere in ea parte figere, quae ad fretum spectaret, et hoc addere, quod negare nullo modo potes, quod omnibus audientibus dixisti palam, te idcirco illum locum deligere, ut ille, quoniam se civem Romanum esse diceret, ex cruce Italiam cernere ac domum suam prospicere posset? Itaque illa crux sola, iudices, post conditam Messanam illo in loco fixa est. Italiae conspectus ad eam rem ab isto delectus est, ut ille in dolore cruciatuque moriens perangusto fretu divisa servitutis ac libertatis iura cognosceret, Italia autem alumnum suum servitutis extremo summoque supplicio adfixum videret. 170. Facinus est vincire civem Romanum, scelus verberare, prope parricidium necare: quid dicam in crucem tollere? Verbo satis digno tam nefaria res appellari nullo modo potest. Non fuit his omnibus iste contentus: „spectet", inquit, „patriam; in conspectu legum libertatisque moriatur". Non tu hoc loco Gavium, non unum hominem

nescio quem, sed communem libertatis et civitatis causam in illum cruciatum et crucem egisti. Iam vero videte hominis audaciam! Nonne eum graviter tulisse arbitramini, quod illam civibus Romanis crucem non posset in foro, non in comitio, non in rostris defigere? Quod enim his locis in provincia sua celebritate simillimum, regione proximum potuit, elegit. Monumentum sceleris audaciaeque suae voluit esse in conspectu Italiae, vestibulo Siciliae, praetervectione omnium, qui ultro citroque navigarent.

3. Schlussgebet (§ 184—189)

184. Nunc te, **Iuppiter** Optime Maxime, cuius iste donum regale, dignum tuo pulcherrimo templo, dignum Capitolio atque ista arce omnium nationum, dignum regio munere, tibi factum ab regibus, tibi dicatum atque promissum, per nefarium scelus de regiis manibus extorsit, cuiusque sanctissimum et pulcherrimum simulacrum Syracusis sustulit; teque, Iuno regina, cuius duo fana duabus in insulis posita sociorum, Melitae et Sami, sanctissima et antiquissima, simili scelere idem iste omnibus donis ornamentisque nudavit; teque, Minerva, quam item duobus in clarissimis et religiosissimis templis expilavit, Athenis, cum auri grande pondus, Syracusis, cum omnia praeter tectum et parietes abstulit; 185. teque, Latona et Apollo et Diana, quorum iste Deli non fanum, sed ut hominum opinio et religio fert, sedem antiquam divinumque domicilium nocturno latrocinio atque impetu compilavit; etiam te, Apollo, quem iste Chio sustulit; teque etiam atque etiam, Diana, quam Pergae spoliavit, cuius simulacrum sanctissimum Segestae, bis apud Segestanos consecratum, semel ipsorum religione, iterum P. Africani victoria, tollendum asportandumque curavit; teque, Mercuri, quem Verres

in domo et in privata aliqua palaestra posuit, P. Africanus in urbe sociorum et in gymnasio Tyndaritanorum iuventutis illorum custodem ac praesidem voluit esse; 186. teque, Hercules, quem iste Agrigenti nocte intempesta servorum instructa et comparata manu convellere ex tuis sedibus atque auferre conatus est; teque, sanctissima mater Idaea, quam apud Enguinos augustissimo et religiosissimo in templo sic spoliatam reliquit, ut nunc nomen modo Africani et vestigia violatae religionis maneant, monumenta victoriae fanique ornamenta non exstent; vosque, omnium rerum forensium, consiliorum maximorum, legum iudiciorumque arbitri et testes, celeberrimo in loco populi Romani locati, Castor et Pollux, quorum e templo quaestum sibi iste et praedam maximam improbissime comparavit; omnesque di, qui vehiculis tensarum sollemnes coetus ludorum invisitis, quorum iter iste ad suum quaestum, non ad religionum dignitatem faciendum exigendumque curavit; 187. teque, Ceres et Libera, quarum sacra, sicut opiniones hominum ac religiones ferunt, longe maximis atque occultissimis caerimoniis continentur, a quibus initia vitae atque victus, morum, legum, mansuetudinis, humanitatis hominibus et civitatibus data ac dispertita esse dicuntur, quarum sacra populus Romanus a Graecis adscita et accepta tanta religione et publice et privatim tuetur, non ut ab illis huc allata, sed ut ceteris hinc tradita esse videantur, quae ab isto uno sic polluta et violata sunt, ut simulacrum Cereris unum, quod a viro non modo tangi, sed ne adspici quidem fas fuit, e sacrario Catina convellendum auferendumque curaverit, alterum autem Henna ex sua sede ac domo sustulerit, quod erat tale, ut homines, cum viderent, aut ipsam videre se Cererem aut effigiem Cereris non humana manu factam, sed de caelo lapsam arbitrarentur: 188. vos etiam atque etiam inploro et appello, sanctissimae deae, quae illos Hennensis lacus lucosque incolitis cunctaeque Siciliae, quae mihi defendenda tradita est, praesidetis, a quibus inventis frugibus et in orbem terrarum distributis omnes gentes ac nationes vestri religione numinis continentur; ceteros item deos deasque omnes inploro et obtestor, quorum templis et religionibus iste nefario quodam furore et audacia instinctus bellum sacrilegum semper impiumque habuit indictum, ut, si in hoc reo atque in hac causa omnia mea consilia ad salutem sociorum, dignitatem populi Romani, fidem meam spectaverunt, si nullam ad rem, nisi ad officium et virtutem omnes meae curae, vigiliae cogitationesque elaborarunt, quae mea mens in suscipienda causa fuit, fides in agenda, eadem vestra sit in iudicanda; 189. denique uti C. Verrem, si eius omnia sunt inaudita et singularia facinora sceleris, audaciae, perfidiae, libidinis, avaritiae, crudelitatis, dignus exitus eiusmodi vita atque factis vestro iudicio consequatur, utique res publica meaque fides una hac accusatione mea contenta sit, mihique posthac bonos potius defendere liceat, quam improbos accusare necesse sit.

Verzeichnis der Eigennamen

Abkürzungen: D = In Q. Caecilium divinatio
A = In C. Verrem actio prima
I, II, III etc. = In C. Verrem actionis secundae liber primus, secundus, tertius etc.

Die Namen der Einwohner von Städten fehlen, wenn sie sich aus den Städtenamen ergeben, sind aber bei den Stellenangaben berücksichtigt.

Achaia, seit 146 v. Chr. römische Provinz; als Teil der Provinz Macedonia von einem römischen Statthalter verwaltet; umfasst Mittelgriechenland und die Peloponnes. D 38 A 6

Achaicus inquisitor, der von der Gruppe um Verres vorgeschobene Ankläger gegen einen Statthalter, der in Achaia Erpressungen begangen haben sollte (vgl. Einleitung). A 6

M'. Acilius Glabrio, Prätor des Jahres 70; führt als der für die Repetundenprozesse zuständige Beamte den Vorsitz im Verresprozess. A4, 29 V 163

Aeschrio aus Syrakus, ein guter Freund des Verres. II 36

Aeschylus aus Tyndaris, von Verres beraubt. IV 48

Aetna, Stadt am Südabhang des gleichnamigen Berges. III 57 IV 114

Africa, im allgemeinen Nordafrika; seit 146 v. Chr. römische Provinz; umfasst das Gebiet, das Karthago zuletzt beherrschte (der NO des heutigen Tunesien), ohne Numidien und die Küstenregion. II 3 III 27

Africanus, s. Cornelius

Agathinus aus Thermae, ein Freund des Verres. II 89, 92, 94

Agathocles, Tyrann von Syrakus 318—289, berühmt wegen seiner Kämpfe gegen Karthago. IV 122

Agrigentum (griech.: Akragas), Stadt an der Südküste Siziliens: eine der schönsten antiken Städte mit prächtigen Bauten. IV 48, 73, 94. V 186

Agyrium, Stadt im Innern Siziliens, westlich des Ätna. III 47, 67—69, 76, 120f., IV 50. 114

Aiax. Berühmtes Gemälde in Cyzicus. IV 135

Alexander. Gemälde von Apelles im Dianatempel zu Ephesus IV 135

Anthropinus aus Apollonia, einer der Flottenkommandanten. V 90

Hieron II. König von Syrakus (269—215); Freund der Römer. Sein Steuergesetz (lex Hieronica): II 32, 34. III 14f, 20, 38, 120

Himera, Stadt an der Nordküste Siziliens; 408 von Karthago zerstört. II 86f. IV 73

Hispania (Hispani), seit 201 römischer Besitz; seit 197 Einrichtung von zwei Provinzen. H. citerior im NO und H. ulterior im SO. III 12, 27

Honostempel in Rom, dicht bei der Porta Capena, 233 von Q. Fabius Maximus Verrucosus gelobt, von M. Claudius Marcellus nach 212 wiederhergestellt. Der Tempel der Virtus ist 205 hinzugefügt worden; dort reiche Kunstschätze, besonders aus der sizilischen Beute. IV 123

Q. Hortensius Hortalus, Konsul 69, bedeutendster Redner vor Cicero, Verteidiger des Verres. A 18f, 25f. I 71

Iacchus, Gott der eleusinischen Mysterien; Sohn der Ceres oder Proserpina; oft mit Dionysos gleichgesetzt. Sein Marmorbild in Athen IV 135

Ialysus, der Heros der gleichnamigen Stadt an der Nordküste von Rhodos. Sein Bild IV 135

Ianitor, Gastfreund des Verres in Lampsacus. I 63—64

Mater Idaea = Kybele, die auch als Große Mutter oder Göttermutter bezeichnet wurde; Herrin der Natur; heißt Mater Idaea, weil sie aus der (angeblichen) Heimat des römischen Volkes in Kleinasien vom Berg Ida (nahe bei Troja) gekommen war. Ihr Kult trägt ekstatisch-orgiastische Züge. Die Göttin besaß in Sizilien einen Kultort in Engyum. V 186

Imachara, Stadt im Innern Siziliens. III 47

Insula, Stadtteil von Syrakus, auf der Insel Ortygia. IV 122. V 95, 98

Iunianum consilium, Geschworenenkammer unter Vorsitz des C. Iunius in dem Giftprozess des Cluentius 74. Iunius hatte sich bestechen lassen. A 29

Iunotempel und -statue. IV 71. V 184

Iuppiter, Tempel und Statuen IV 64, 66, 69, 128. V 184

Iuppiter Imperator = Urion. Seine Statue IV 128—130

Lampsacum (oder -us), Stadt an der Ostküste des Hellespont I 63f, 67—69, 71, 74, 76. V 94

Laodicea, Stadt in der Provinz Asia I 76

Latona, Mutter von Apoll und Diana. V 185

Signum ... Cupidinis marmoreum Praxiteli ... (II 4, 4)
Verres, qui ... Veneri et Cupidini vota deberet ... (II 4, 123)

Links: Marmorkopie eines geflügelten Cupido (griechisch: Eros), des Sohnes der Venus – wahrscheinlich nach Praxiteles (Neapel).

Rechts: Marmorkopie der aus dem Meer steigenden (Anadyomene) Venus (Syrakus).

Heracles egregie factus ex aere (II 4, 5; cf. 4, 94)

Marmorkopie nach Lysipp: Herakles mit Keule und Fell des Nemeischen Löwen (Neapel).

Caelatum argentum (II 4, 41 ff.)

Der Kopf eines Silens unter dem Hals einer Silbervase (Thessaloniki) und die Schale mit dem Emblem der Athena (Minerva) aus dem Hildesheimer Silberschatz geben eine Vorstellung von der Pracht getriebener Silberarbeiten (caelatum argentum).

Verres... sigillis avulsis reliquum argentum reddidit ... convivis spectantibus emblemata evellenda curavit (II 4, 48 f.)

Volutenkrater (Mischkrug) von Derweni mit erhabenen Reliefs (emblema/sigillum) in der Mitte des Gefäßkörpers (Dionysos und Ariadne) sowie Basreliefs (crusta) an den Rändern (Weinlaub, Panther). Die beiden Mänaden auf den Gefäßschultern sind angelötet und daher auch leicht wieder abnehmbar.

Vas vinarium ex una gemma, pergrandi trulla excavata ... (II 4, 62)

Gemme einer Hore (Berlin). – Die Gemme, ein zu vertiefter bildlicher Darstellung verarbeiteter Edelstein, dient auch als Trinkschale oder als Kelle (trulla), um Wein aus dem Mischkrug zu schöpfen.

Candelabrum e gemmis clarissimis opere mirabili perfectum ...
(II 4, 64)

Die Kandelaber sind etwa 100 cm hohe, aufwändig ausgearbeitete Leuchter. Lichtquellen sind entweder Kerzen oder ein Feuerbecken wie auf der Spitze des links abgebildeten Exemplars (Mahdia).

Ex aere Dianae simulacrum ... singulari opere artificioque perfectum (II 4, 72)

Bronzestatue der Diana (Artemis) aus Athen

Gavius, cum ab isto in vincla coniectus esset et clam e lautumiis profugisset (II 5, 160)

Mit den Steinbrüchen in Syrakus verbindet sich insbesondere die Erinnerung an die Athener Kriegsgefangenen, die hier nach der gescheiterten Sizilischen Expedition (415 – 413) Sklavenarbeit verrichten mussten.

Insistebat in manu Cereris dextra grande simulacrum ... Victoriae (II 4, 110)

Wie am Beispiel des Kultbildes der Athena Parthenos (Athen) ersichtlich, muss auch Ceres/Demeter eine geflügelte Victoria/Nike (Mahdia) in der Hand gehalten haben, die ihr Verres entreißen ließ.

... diligentissime perfecta argumenta in valvis ... Gorgonis os pulcherrimum cinctum anguibus revellit (II 4, 124)

Östliche Schmalseite eines dorischen Peripteraltempels mit Doppeltür (valvae), die geöffnet wird, wenn sich die Opfergemeinde um den an der Ostseite des Tempels errichteten Altar versammelt. Mit dem Öffnen der Doppeltür geht symbolisch eine Epiphanie des Gottes einher, dessen Kultstatue die Opfernden nunmehr erblicken. Auf der Doppeltür waren offenbar ebenfalls Gorgonenhaupt und Schlangen, die Symbole der Minerva/Athena, angebracht.

Literaturübersicht

I. zu Cicero:

Gelzer - Kroll - Philippson - Büchner, M. Tullius Cicero, Sonderdruck aus Paulys Realencyclopädie der classischen Altertumswissenschaft, Suttgart o. J. (der RE-Artikel erschien 1939)

R. Heinze, Ciceros politische Anfänge in: Vom Geist des Römertums (ed. E. Burck), Darmstadt 1960, S. 87ff

Fr. Klinger, Cicero in: Römische Geisteswelt (ed. K. Büchner), Suttgart 1979, S. 110ff

O. Seel, Cicero - Wort Staat Welt, Stuttgart 1967

K. Büchner, Cicero, Bestand und Wandel seiner geistigen Welt, Heidelberg 1964

G. Radke (Hrsg.), Cicero, ein Mensch seiner Zeit, Berlin 1968 (wichtig: Cicero-Bibliographie 1961–1968, S. 246ff)

M. Gelzer, Cicero, Ein biographischer Versuch, Wiesbaden 1969

D. Stockton, Cicero, A political Biography, Oxford 1971

K. Büchner (Hrsg.), Das neue Cicerobild, Darmstadt 1971

B. Kytzler (Hrsg.), Ciceros literarische Leistung, Darmstadt 1973

M. v. Albrecht, M. Tullius Cicero, Sprache und Stil, RE - Suppl. XIII 1973, 1237–1347

Chr. Meier, Die Ohnmacht des allmächtigen Dictators Caesar - Drei biographische Skizzen, Frankfurt/M. 1980 (Cicero S. 103–222)

Die Welt der Römer ed. A. Müller, S. 17 ff., 171 ff., 219 ff., Münster 1999

P. Grimal, Cicero: Philosoph - Politiker - Rhetor, München 1988 (Übers. des franz. Originals von 1986)

M. Fuhrmann, Cicero und die römische Republik, Eine Biographie, München und Zürich 1989

2. zur Rhetorik:

H. I. Marrou, Geschichte der Erziehung im klassischen Altertum, Freiburg/München 1957 (Übers. der franz. Ausgabe Paris 1955[3])

H. Lausberg, Handbuch der literarischen Rhetorik 2 Bde, München 1973[2]

D. L. Clark, Rhetoric in Greco-Roman Education, New York 1957 (deutsche Übers. Göttingen 1968)

Chr. Neumeister, Grundsätze der forensischen Rhetorik, München 1964

W. Eisenhut, Einführung in die antike Rhetorik und ihre Geschichte, Darmstadt 1974

M. Fuhrmann, Die antike Rhetorik, München 1987[2]

3. zu Ciceros Reden:

A. Weische, Ciceros Nachahmung der attischen Redner, Heidelberg 1972

W. Stroh, Taxis und Taktik. Die advokatische Dispositionskunst in Ciceros Gerichtsreden, Stuttgart 1975

D. Berger, Cicero als Erzähler - Forensische und literarische Strategien in den Gerichtsreden, Frankfurt/M. 1978
(zu den Verrinen vgl. S. 63–193)

M. Fuhrmann, Narrative Techniken in Ciceros Zweiter Rede gegen Verres in: AU 23,3 (1980)

O. Reverdin / B. Grange (Hrsg.), Eloquence et rhétorique chez Cicéron, Entretiens sur l'antiquité classique, Vandœuvres-Genève 1982

C. J. Classen, Recht, Rhetorik, Politik - Untersuchungen zu Ciceros rhetorischer Strategie, Darmstadt 1985

Rhetorik am Beispiel Ciceros (Hrsg. M. Fuhrmann), AU 29,2 (1986)

D. Schmitz, Zeugen im Verres-Prozeß nach Ciceros Darstellung in: Gymn. 96,6 (1989)

G. Zimmer, Das Sacrarium des C. Heius in: Gymn. 96,6 (1989).

4. Übersetzung:

M. Fuhrmann, Cicero. Reden gegen Verres, Darmstadt/Zürich 1995.